HOLGER DOUGLAS

DIE DIESEL LÜGE

HOLGER DOUGLAS

DIE DIESEL LÜGE

DIE HETZJAGD AUF IHR AUTO – UND WIE SIE SICH WEHREN

Mit 33 geldwerten Tipps für Diesel-Besitzer

FBV

EDITION TICHYS EINBLICK

Bibliografische Information der Deutschen Nationalbibliothek:
Die Deutsche Nationalbibliothek verzeichnet diese Publikation in der Deutschen Nationalbib-
liografie. Detaillierte bibliografische Daten sind im Internet über http://dnb.d-nb.de abrufbar.

Für Fragen und Anregungen:
info@finanzbuchverlag.de

Originalausgabe
1. Auflage 2018

EDITION TICHYS EINBLICK
© 2018 by FinanzBuch Verlag, ein Imprint der Münchner Verlagsgruppe GmbH
Nymphenburger Straße 86
D-80636 München
Tel.: 089 651285-0
Fax: 089 652096

Redaktion: Ulrike Kroneck
Korrektorat: Silvia Kinkel
Umschlaggestaltung: Manuela Amode
Umschlagabbildung: Shutterstock/nexus 7
Satz: Carsten Klein, Torgau
Druck: CPI books GmbH, Leck
Printed in Germany

ISBN Print 978-3-95972-144-8
ISBN E-Book (PDF) 978-3-96092-264-3
ISBN E-Book (EPUB, Mobi) 978-3-96092-265-0

Weitere Informationen zum Verlag finden Sie unter

www.finanzbuchverlag.de

Beachten Sie auch unsere weiteren Verlage unter www.m-vg.de.

Inhalt

Vorwort von Roland Tichy

Wir alle kennen das Spiel Hase und Igel. Der Hase rennt von rechts nach links, und wann immer er atemlos ankommt – der Igel ist schon da. Doch der Wettbewerb ist nicht fair. Es sind zwei Igel, die einen Hasen quälen.

In Deutschland ist der Autofahrer der Hase. Und es gibt nicht wie in der Fabel nur zwei, sondern ein halbes Dutzend Igel, die den Hasen quälen.

Lange galt der Diesel als besonders umweltfreundlich, weil er weniger von den angeblich so schädlichen, das Weltklima verändernden CO_2-Abgasen ausstößt. Warum er weniger schädlich sein sollte? Ganz einfach, weil er auf Grund der physikalischen Prinzipien den Treibstoff besser ausbeutet. Aber neuerdings zählt dieser geringere CO_2-Ausstoß nicht mehr. Die Schadstoffe, die die Umweltschützer nun im Visier haben, sind Feinstaub und Stickoxide. Und da sieht es beim Diesel nicht ganz so gut aus, besonders seitdem er mit brachialer Gewalt auf noch weniger CO_2 Ausstoß getrimmt worden ist.

Jetzt also soll der Diesel ausrangiert werden, weil er zwar klimafreundlicher funktioniert, aber immer noch Abgase, also Reste der Verbrennung, ausstößt. Von nichts kommt eben nichts. Wir sollen wohl jetzt alle wieder Benziner kaufen oder besser komplett auf das Auto verzichten. Wenn es nur so einfach wäre ...

Denn wir alle ahnen: Es wird anders kommen. Wenn wir erst alle unsere Diesel verschrottet haben und wieder Benziner fahren – dann wird die Kritik an den Schwächen des Benziners wieder neu befeuert werden und das Theater von vorne beginnen. Der Igel gewinnt immer.

In der Fabel ging es um ein Rennen zwischen zwei Punkten, da rannte der Igel von A nach B. Heute sausen wir kreuz und quer durch eine komplizierte Welt, aber die stachligen Brüder und Schwestern sind schon da. Immer, an jeder Ecke.

Zum Beispiel in der Politik. Bundes- wie Landespolitiker versprechen: »Mit uns gibt es keine Fahrverbote!« – denn allen Beteiligten ist klar, dass Fahrverbote dem Diesel den Dolchstoß versetzen würden. Die Deutsche Umwelthilfe klagt gegen Städte, in denen die Schadstoffwerte der Luft angeblich überhöht sind. Zugleich wird die Deutsche Umwelthilfe mit vielen Millionen aus den verschiedensten Töpfen der Bundesregierung finanziert. Und so sind wir Steuerzahler wieder der dumme Hase: Auf der einen Seite verspricht uns die Politik »keine Fahrverbote«, auf der anderen Seite finanziert sie die Organisation, die genau das erzwingen will: Fahrverbote.

Klar, wer da der Verlierer ist: der Bürger.

Nicht vergessen: Heute ist es der Diesel. Morgen wird es der Benziner sein: Grüne und DUH fordern ein Verbot, die Bundesregierung verspricht freie Bahn – und finanziert hintenherum das genaue Gegenteil.

Und die Igel haben einen Trumpf im Ärmel: die Grenzwerte. Erst werden Grenzwerte definiert, die sehr, sehr niedrig sind. Dagegen wäre nichts einzuwenden. Gesundheit ist das wichtigste Gut. Aber leider müssen diese Grenzwerte nur auf den Straßen eingehalten werden. In Fabriken dürfen sie um den Faktor 20 höher sein. (Der Igel siegt.) Und in manchen Ländern wie der Schweiz dürfen sie noch einmal weit höher sein. (Es ist nicht bekannt, dass die Schweizer schlecht leben, im Gegenteil.)

Nun hat die Autoindustrie den Schadstoffausstoß gesenkt, deutlich und messbar sogar – und teilweise am Rande der technischen Möglichkeiten. Daher musste ein wenig in der Software nachgeholfen werden. Aber dann wurden die Grenzwerte wieder halbiert. Der Igel hat schon wieder gesiegt. Wer sich anstrengt in diesem Land, ist der Dumme. Irgendwo steht immer ein Igel mit seinen Stacheln, garantiert.

Jetzt werden die Schadstoffe gemessen. Feine Sache. Aber keine faire Sache. Denn gemessen wird gewissermaßen auf dem Grünstreifen der Autobahnen, dort, wo bekanntlich kein Mensch lebend hin- oder wieder zurückkommt. Es werden also Messstellen gesucht, die wirklichkeitsfremd sind, aber hohe Messwerte generieren. Als ob diese extremen Stellen irgendeine Aussage über die konkrete Luftbelastung liefern könnten.

Wir haben viele Messstationen geprüft und uns deren Standorte angeschaut. Leser schickten uns mit großem Engagement Fotos, teilweise mit Beschreibungen der Messanlagen und ihrer Standorte. Und siehe da: enge Schluchten, Überhänge, unter denen sich die Abluft staut, Stoppstellen vor Ampeln und an künstlichen Verengungen, damit man beim selbstverantworteten Start- und Stopp-Betrieb auch garantiert hohe Messwerte erhält. Beim Betrieb der Messstellen sind ganze Igelhorden unterwegs und sorgen dafür, dass das gemessen wird, was dem Hasen schadet – und ihren eigenen Interessen nützt.

Anfangs wurde behauptet, die Messstellen stünden an korrekt ermittelten Standorten. Aber das Umweltbundesamt musste schließlich einräumen: Sie sollen besonders hohe Messwerte erzeugen. Diese würden dann für die anderen Bereiche »heruntergerechnet«. Spätestens jetzt wird deutlich: Die Igel haben es übertrieben. Sie messen absichtlich an Orten, die hohe Messwerte erzeugen, um ihre Ziele durchzusetzen.

Und dennoch verblüfft der Blick auf die Messergebnisse: Selbst an diesen extremen Stellen melden die Geräte praktisch keine Überschreitungen der Grenzwerte! Nur an wenigen Orten in Deutschland kann man von einer stärkeren Luftbelastung sprechen. Die ist aber noch weit von jenen Werten entfernt, bei denen Wissenschaftler eine physiologische Reaktion feststellen. Es geht also nicht mehr um tatsächliche Belastungen, die alle – Hasen wie Igel – möglichst reduzieren wollen, sondern Tests werden so durchgeführt, dass deren Ergebnisse den eigenen Zielen nützen – die mit Umweltschutz nichts zu tun haben.

Noch einmal: Gesundheit ist das wertvollste Gut. Ohne Gesundheit ist alles nichts. Es sollte also darum gehen, die Luftqualität zu verbessern. Aber genau daran wird auch gearbeitet, mit Erfolg sogar. Und allen, die von öffentlichen Verkehrsmitteln schwärmen, sei gesagt: Auch Straßenbahnen verursachen Feinstaub, und zwar gewaltigen, bei jedem Bremsvorgang, vor allem dann, wenn beim starken Abbremsen Sand zwischen Räder und Schiene gelangt. Ebenso ist die Feinstaubbelastung in U-Bahnen enorm. Feinstaub wird durch viele Quellen emittiert, nicht nur durch Dieselmotoren. Wenn die Winde sich entschließen, wieder Saharasand zu uns herüberzuwehen, oder wenn Vulkane Rauchwolken ausspeien, laufen die Messgeräte Amok. Und kein

Raucher dürfte mehr leben angesichts des Feinstaubes, den er mit jeder Zigarette zuverlässig einatmet. Warum aber wird der Diesel als der Alleinschuldige behandelt? Diese Frage wurde bislang weder gestellt noch beantwortet.

Und so wird die Bevölkerung malträtiert, werden Handwerker ruiniert, Bürger um ihr Fahrzeug betrogen und in ihrer Mobilität eingeschränkt, Milliardenwerte vernichtet und die Lebensqualität herabgesetzt. Es geht heute um den Diesel, morgen um das Auto insgesamt. Übrigens: Sollte sich ein besonders schlauer Hase einem Elektro-Auto nähern – auch da sitzt schon der Igel am Steuer. Denn klar ist: Elektroautos brauchen Strom, der wird aus Kohle gewonnen, die Batterien sind schmutzige Chemiefabriken. Das ist also auch keine Alternative. Und nur mit dem Fahrrad zu fahren? Schön wär's ...

Verkehr ist das Zusammenspiel von vielen Konzepten. Wer wie der *Tagesspiegel* in Berlin einen »Fahrrad-Senator« fordert, will nur öffentliche Stellen schaffen (gut bezahlte, immer mit Dienstwagen), denn dann brauchen wir auch bald einen Fußgänger-Senator und einen Auto-Senator und je einen für private und öffentliche Busse, einen für den Flughafen Berlin nicht zu vergessen. Nein, Verkehr ist Team-Spiel zwischen verschiedenen Verkehrsmitteln, und freie und bezahlbare Mobilität ist ein großer Fortschritt für den Bürger.

Genau daran wird gedreht: Gilt Mobilität nur noch für Politik-Bonzen mit Sonderrechten und für besonders Reiche, die alle Strafmaßnahmen locker wegstecken können? Die normalen Bürger sind weitgehend wehrlos. Die Politik spielt ein doppeltes Spiel. Nicht nur im geheimen Zusammenspiel mit der DUH. Immer wird auf Europa verwiesen – da könne man nichts machen.

So wäscht die Politik ihre Hände in Unschuld, das Waschbecken steht in Brüssel.

Aber das stimmt nicht. Deutschland ist Treiber des Geschehens, hat zugestimmt und entscheidet über die konkrete Umsetzung vor Ort – zu Lasten der Dieselfahrer, der Wirtschaft und der Lebensqualität. Doch, man kann etwas beeinflussen. Die konkrete Aufstellung von Messstationen erfolgt vor Ort, Gerichte werden in Deutschland angerufen, Fahrverbote hier ausgerufen. Lassen Sie der Politik diese Igelei nicht durchgehen.

Mit diesem Buch versuchen wir, einen Beitrag zur Rationalität und für die Vernunft zu leisten. Holger Douglas hat die wichtigsten Fakten rund um den Diesel-Skandal zusammengetragen: Wie gefährlich sind Stickoxide wirklich? Welche Folgen haben die Aktionen der DUH für Sie als Autobesitzer? Wie ernst sind die Fahrverbote gemeint? Welche Gerichtsurteile gibt es? Und worum geht es den Kämpfern gegen den Diesel wirklich?

Auf Ihre Reaktionen sind wir gespannt – viele Gedanken sind im Zusammenspiel mit unseren Lesern entstanden, die uns immer wieder über neue Entwicklungen informieren. Dafür bedanken wir uns schon jetzt.

Roland Tichy, April 2018

Der Anschlag

Überlebt der Diesel diese gegenwärtige Krise? Müssen plötzlich Millionen von Diesel-Fahrzeugen stillgelegt werden? Können Handwerker noch mit ihren Kleintransportern in die Städte fahren? Wie sieht es mit Paketdiensten und anderen Zulieferern aus, deren Zahl steigt, weil wir immer mehr im Internet bestellen und uns die Waren nach Hause liefern lassen? Ist das alles noch möglich?

Und überhaupt, fahren wir in 20 Jahren noch mit einem Automobil, das mit einem Verbrennungsmotor angetrieben wird? Oder ein selbsttätig fahrendes, angetrieben von einem Elektromotor, so wie sich das Politik und NGOs wünschen?

Der Skandal um den Dieselantrieb ist nur vordergründig eine Schlacht der grünen NGOs um Grenzwerte, Partikelausstoß, Stickoxide und Fahrverbote. Das komplette Modell »Auto« steht zur Disposition. Nach den bizarrsten Ideologien steht damit sogar die individuelle Mobilität auf dem Spiel. »Ein Volk ohne Wagen« – den Buchtitel gibt es wirklich! – wird als Teufelsszenario schon an die Wand gemalt, der Mensch bewegt sich nach Planvorgaben und irgendwann nur noch mit Sondererlaubnis. Wir nehmen den abgehalfterten öffentlichen Nahverkehr, das Fahrrad oder bleiben besser zu Hause. Sozialromantische Fantasien von kollektiver Beförderung von Menschenmassen feiern fröhliche Urständ.

In Zukunft, so andere Visionen, fahren wir überhaupt nicht mehr selbst Auto. Wir werden unabwendbar nicht mehr eigenhändig lenkend durch die Straßen rollen, sagte in einem Anfall von Staatsdirigismus die Autofachfrau Angela Merkel. Lenkrad war gestern. Wir sitzen im selbstfahrenden Personenkraftwagen gemütlich im Kreise der Liebsten, spielen »Mensch ärgere dich nicht« und müssen darauf vertrauen, dass die Programmierer einen Großteil der Fehler in der Steuersoftware gefunden haben, bevor das Auto auf die Straße darf. So bekommt das Wort »Automobil«, eine selbstfahrende Maschine, die ursprüngliche Bedeutung.

Das Auto fährt uns, und die Autohersteller bereiten uns damit ein Geschenk: »Wir schenken jedem von uns 38.000 Stunden, die wir heute im Auto über unser gesamtes Leben verbringen. Man kann lesen, lernen, Spiele spielen, mit der Familie reden. Sehr gute Sache!« So werben sie tatsächlich für die neue Mobilität, die keine Rücksicht auf die flatternden Nerven der Fahrzeuginsassen nimmt.

Das Automobil stand noch nie so unter Beschuss wie jetzt. Die Grünen würden es lieber heute als morgen abschaffen. Es sei oberster Umweltverschmutzer und Killer von Zehn-, ja Hunderttausenden von Menschen. Der Chef der dubiosen Nichtregierungsorganisation Deutsche Umwelthilfe (DUH), Jürgen Resch, bezeichnet die Luftverschmutzung durch Stickoxide gar als »tausendfachen Totschlag«. Die Autobranche ist für ihn eine »kriminell agierende Industrie, die seit Jahren nicht belangt wird«. Er seinerseits hat aber keine Probleme, sich von dieser Industrie wie z. B. vom japanischen Hersteller Toyota für den Kampf gegen die Konkurrenz Spenden überreichen zu lassen.

Das System Diesel soll also jetzt ein Ende haben. Grüne, NGOs und Heerscharen von »Umweltschützern« bekämpfen Otto- und Dieselantrieb bis aufs Blut. Aufgrund kruder ideologischer Vorstellungen sollen 16 Millionen Besitzer von Diesel-Fahrzeugen enteignet werden und einen geschätzten Schaden von 240 Milliarden Euro schultern.

Auch die EU erklärte bereits das Aus für den Verbrennungsmotor. »Der Verbrennungsmotor hat seine Blütezeit hinter sich. Ich glaube nicht, dass in 15 Jahren noch jemand mit Diesel oder Benzin fährt«, sagte die zuständige EU-Kommissarin für Binnenmarkt, Industrie und Unternehmen, Elzbieta Bienkowska.

Ein Ende also des Herzstücks aller Verbrennungskraftmaschinen, die Motoren, Maschinen, Autos, Flugzeuge, Schiffe und Generatoren rund um den Globus antreiben – kurz die universelle Maschine, die Pferd und Ochse abgelöst hat und dem Menschen eine neue gewaltige Quelle für die Krafterzeugung gab; die zudem immer verfügbar ist im Gegensatz zu den trügerischen Kraftquellen Wasser- und Windkraft.

Gab es das schon einmal, dass eine Technologie so rigide angegriffen wurde wie jetzt der Dieselmotor? Der Skandal um den Verbrennungsmotor erinnert an die frühen Maschinenstürmer, wobei die handfeste Gründe hatten: Sie fürchteten sich vor dem Verlust ihrer Arbeitsplätze, während es den Stürmern gegen die Maschine »Auto« heute gelungen ist, einer Bevölkerung eine geradezu irrationale Angst vor einem menschengemachten Klimawandel einzureden.

Sicher, auch in anderen Bereichen gingen Kontrahenten häufig nicht gerade zimperlich miteinander um. Bei der Einführung der Elektrizität etwa stritten die Protagonisten Thomas Alva Edison und George Westinghouse heftig um die Frage, ob der Strom künftig in Form von Gleichstrom oder als Wechselstrom genutzt werden solle. Es ging um viel Geld. Dabei fielen auch regelrechte Totschlagargumente: »Der Wechselstrom bringt Menschen um!« Dass dies auch Gleichstrom macht, sagte Edison nicht dazu. Durchgesetzt hat sich in diesem Fall das technisch bessere Prinzip, der Wechselstrom. Zugleich ist dieser Stromkrieg Vorbild für den Kampf um Standards und Normen. Mit Normen lassen sich Technologien entweder aufbauen oder zerstören. Wir sehen das gerade an dem Kampf um Grenzwerte für Schadstoffe in der Luft. Die Werte wurden laut der Aussage eines Beteiligten gegenüber dem Autor »mit dem Dartpfeil ausgeworfen«, doch davon werden wir später erfahren.

Auch schon beim Aus der Atomkraft in Deutschland argumentieren die Befürworter mit der Bedrohung von Menschenleben. Jetzt also bringt der Dieselmotor Zehntausende – oder je nach Belieben – Hunderttausende von Menschen um. Also schnellstmöglich weg damit.

Immer werden vermeintlich gefährdete Menschenleben ins Spiel geführt – genau wie seinerzeit Edison vs. Washington. Doch um Gesundheit geht es den Initiatoren der Skandale um das Automobil am allerwenigsten.

Was also tun? Jetzt noch ein Diesel-Fahrzeug kaufen?

Auf den Höfen der Autohändler stehen sie zu Tausenden herum. Untrügliches Zeichen: Auch in Polen will sie niemand mehr. Es gibt zu viele, die gleichzeitig verkauft werden sollen. Das bedeutet: Die Preise sind im Keller.

Das ist schlecht für die Leasing-Kalkulationen, die noch mit erheblich höheren Restwerten angesetzt waren, als sie jetzt zu erzielen sind.

Die ersten Klagen sind auch in Deutschland für Kunden erfolgreich ausgefallen. Allerdings hat man nur unter ganz bestimmten Bedingungen eine Chance auf Ersatz, die wir Ihnen aufzeigen werden.

Geplagt werden die Autokäufer unterdessen von Begriffen wie Abgasrückführungsventil, NO_x-Speicherkatalysator, SCR-Katalysator, Partikelfilter, Harnstoffeinspritzung. Thermofenster ist ein anderer schöner Begriff des neuen Zeitalters.

Doch was bedeuten diese Begriffe? Darf ich noch einen Diesel kaufen? Oder einen Benziner? Was lohnt sich?

Holger Douglas, April 2018

Wie alles anfing

Die Damen und Herren unterhielten sich nicht sehr höflich. Und mitunter wurde es lautstark in den Brüsseler Konferenzräumen. Werner Ressing kann sich auch heute noch darüber aufregen, wie jene Grenzwerte zustande kamen, die gegenwärtig für das gesamte Desaster auf dem Dieselmarkt verantwortlich sind. Ressing, von Haus aus kein Jurist, sondern studierter Maschinenbauingenieur, also einer, der von der Sache viel versteht, kämpfte in vielen Sitzungen bei der EU-Kommission und in Ministerien um Grenzwerte. Denn hinter dürren Limit-Zahlen verbirgt sich das gesamte Drama, das Sie jetzt erleben und für das Sie kräftig bluten dürfen, wenn Sie Dieselfahrer sind. Keine Bange, auch als Besitzer eines Benziners werden Sie künftig nicht ungeschoren davonkommen, bleibt die autofeindliche Politik so, wie sie ist.

Werner Ressing, heute Ministerialdirektor a.D., der als oberster Vertreter des Bundeswirtschaftsministeriums bei den Grenzwert-Verhandlungen in Brüssel am Tisch saß, erinnert sich. Er kämpfte gegen die Verschärfung der Abgaswerte, die damals technisch nicht erreichbar waren: »Wir dürfen die Industrie nicht überfordern!«

Das begeisterte sogar den deutschen EU-Kommissar. »Oettinger«, so erzählt er, »mit dem ich vorher nie Kontakt hatte, klopfte mir nachher auf die Schulter und sagte: »Noch nie so ein klares deutsches Statement hier gehört!« Am nächsten Tag in Berlin las Ressing in den Tickermeldungen: »VW akzeptiert die neuen Brüsseler Grenzwertvorschläge«. Er rief sofort wütend den Berliner VW-Repräsentanten an: »Wieso fallt ihr mir in den Rücken?« Der VW-Mann leitete die Beschwerde nach Wolfsburg weiter. Kurze Antwort aus Wolfsburg: »Es bleibt dabei, wir schaffen das!«

Die VW-Ingenieure in den Entwicklungsabteilungen dagegen schlugen die Hände über dem Kopf zusammen. Ihnen war bewusst, dass solche Grenzwerte mit den damaligen Technologien nicht zu stemmen waren, schon gar nicht zu Preisen, welche die Kunden zu zahlen bereit waren Ressing: »Das Ergebnis ist bekanntlich die ›Schummelsoftware‹.« Auch Mercedes-Chef Dieter Zetsche saß mit am großen runden Tisch. Was hat er gesagt? Antwort von Werner Ressing: »Er hat geschwiegen!«

Auch Vertreter von Bosch, dem wichtigsten Hersteller von Diesel-Einspritzpumpen und damit Zulieferer der Automobilindustrie, überschlugen sich förmlich vor grüner Begeisterung. Ressing: »Nach der Sitzung in Brüssel sprachen mich Bosch-Vertreter vor dem Ratssaal an und sagten mir: ›Da steckt noch viel mehr drin bei der Emissionsminderung!‹ ›Wie?‹ habe ich gefragt: Keine Antwort.« Es muss eine kollektive Besoffenheit bei den Spitzen der wichtigsten deutschen Industrie geherrscht haben. Auf dem Automobilsalon in Genf prahlte der damalige VW-Chef Martin Winterkorn: Wir unterbieten die Normen um 25 bis 30 Prozent. Der 17,5 Millionen teure VW-Chef wollte ehrgeizig den Konzern grüner machen. Das war zu der Zeit, da Greenpeace VW aufs Dach kletterte und mal wieder gegen Autos protestierte.

Heute ist die kollektive Besoffenheit geschlossener Ernüchterung gewichen. Düpierte und gefeuerte Automanager, teilweise in Amerika zu langen Jahren Knast verurteilt, qualifizierte Motorenentwickler, die in Deutschland in Untersuchungshaft sitzen und sich wegen Betruges verantworten müssen, und Hunderttausende von erst drei, vier Jahre alten Dieselfahrzeugen auf Schrotthalden oder in der Schrottpresse, komplett ausgestattet. Den Schaden schätzen Experten auf 100 bis 200 Milliarden Euro. Die Bilanz des Versuches, vorgeblich schädliche Stoffe um ein paar Mikrogramm zu reduzieren, um die Umwelt zu retten.

Doch Kohlendioxid, die »böse« Substanz, ist ein wichtiges Molekül, das Pflanzen dringend für ihr Wachstum benötigen, und Stickstoffdioxid NO_2, das andere »tödliche« Gas, ist ein Reizgas, das erst in deutlich höheren Konzentrationen zu Ätzungen der Atemwege führt. In den 1990er-Jahren kümmerte sich die EU um Grenzwerte und legte diesen für NO_2 in der Außenluft auf 40µg/m3 (µg = ein millionstel Gramm) fest. Das ist der sogenannte **Immissions**wert, also das, was in der Luft ist, im Gegensatz zu den **Emissions**werten, die das bezeichnen, was aus Autoauspuff, Kraftwerk und Kamin herauskommt. Grundlage war eine entsprechende Empfehlung der Weltgesundheitsorganisation WHO, die jedoch ausdrücklich einschränkend hinzufügte, es handele sich um einen Vorsichtswert, einen wissenschaftlichen Beleg dafür gebe es nicht. Selbst in Kalifornien, in Amerika traditionell Umwelt-Vorreiter, gab es noch keinen NO_2-Grenzwert; seit 2007 gelten in den USA 100 µg/m3, Kalifornien reduzierte dann auf 60 µg/m3.

Den Grenzwertwahn in Europa jedoch halten weder Ochs noch Esel auf. Fakten spielen keine Rolle mehr.

Deutsche Umwelthilfe auf Abmahn-Tour

In Deutschland macht sich ein Abmahnverein die niedrigen Grenzwerte zunutze, der sehr gut in Ministerien und Behörden verflochten ist – es ist die stark in der Kritik stehende Deutsche Umwelthilfe (DUH). Der eingetragene Verein bestreitet einen Teil seines Etats aus Abmahnungen, mit denen er vorwiegend mittelständische Autohäuser überzieht. Die beginnen sich gerade gegen den Abmahnterror der DUH zu wehren, müssen sie doch daneben die horrenden Wertverluste ihrer Dieselfahrzeuge auf ihren Höfen verkraften.

Peter Ramsauer (CSU) kritisierte deutlich: »Der Mittelstand wird durch die Abmahnmethoden der DUH regelrecht abkassiert, ohne dass es der Umwelt oder den Verbrauchern hilft!« Er fordert auch, dass die Klagebefugnis von Verbänden wie der DUH überprüft wird.

Den Weg für die DUH bereitet haben einst SPD und Grüne mit ihrem langen Drängen auf eine Rechtsänderung, nach der seit 2006 die DUH als sogenannter »Verbraucherschutzverband« ein Klagerecht hat. Als eine von knapp 80 Organisationen ist sie beim Bundesamt für Justiz eingetragen und hat somit das Recht, Verstöße gegen unlauteren Wettbewerb und andere Verbraucherschutzgesetze per Abmahnung zu bekämpfen. Besonders umstritten ist DUH-Chef Jürgen Resch, der öffentlich lauthals Umweltsünden beklagt, es selbst aber in Sachen Umwelt nicht so eng sieht. Er geriet nach Recherchen des *Spiegel* 2007 als Vielflieger mit der schwarzen Lufthansa Vielflieger-Karte in Verruf. Reisende mit dieser Karte werden von Lufthansa besonders verwöhnt und auf Wunsch mit Luxuslimousinen direkt zum Flugzeug gebracht. Voraussetzung: mindestens 600.000 geflogene Meilen pro Jahr. Dieser Zirkel ist durchaus erlaucht: Nur rund 3000 Vielflieger schaffen diese Meilen, in erster Linie Vertriebler großer Konzerne oder Consultants. Und eben Jürgen Resch.

Resch, der eine solch heftige Umweltverschmutzung mit seinen rastlosen Einsätzen für die Umwelt rechtfertigt, wird häufig von grünen Redaktricen als ernstzunehmender Umweltexperte in Sendungen von ARD und ZDF geholt und bekommt dort ein breites Forum.

»Tausendfache Körperverletzung mit Todesfolge« wirft er dann gern der Autoindustrie vor. »Wir wollen den Dieselfahrern helfen«, schwindelt er denjenigen ins Gesicht, die gerade den rapide fallenden Wertverlusten ihrer Autos zusehen müssen. Vielen Dank, so viel Hilfe wollten diese sicherlich nicht.

Dabei steht Resch, der laut *Süddeutsche Zeitung* als Berufsausbildung ein abgebrochenes Studium der Verwaltungswissenschaft vorweisen kann, nur einem kleinen abgeschotteten Verein vor, der gerade einmal rund 2500 Mitglieder hat, davon 270 stimmberechtigte. Zum Vergleich: Greenpeace hat rund 590.000. Dafür bietet die DUH – mit einem Jahresetat von rund 8 Millionen Euro – fast 100 Beschäftigten Lohn und Brot. Allein fünf sind nach Angaben von Jürgen Resch mit Abmahnungen beschäftigt und durchforsten das Internet auf der Suche nach Angeboten mit Verstößen gegen diese und jene Verordnungen. Pikant übrigens, dass früher sogar Hersteller von Rußpartikelfiltern für dieselangetriebene Autos Beträge in sechsstelliger Höhe spendeten, als die DUH seinerzeit für rußfreie Dieselmotoren warb. Die DUH vertritt das bekannte, prächtige Geschäftsmodell, das sich nicht wenige Grüne aufgebaut haben. Sie macht wie andere Umweltvereine Druck auf die Gesetzgebung und setzt die neuen Vorschriften für sich gewinnbringend ein. Ein solcher Verein also treibt die Städte vor sich her und will jetzt jede einzelne Stadt verklagen, in der Grenzwerte überschritten werden.

Das ist also die Speerspitze des Kampfes gegen den vermeintlichen Todfeind »Diesel«. Doch wer ist eigentlich betroffen und welche Folgen haben die vielfältigen wohlmeinenden Aktionen der DUH für Sie als Autobesitzer?

Wer ist jetzt betroffen?

Aber welche Diesel-Besitzer betrifft denn nun wirklich der Diesel-Skandal? Eigentlich ganz einfach: Betroffen sind alle Besitzer von Dieselfahrzeugen, die nicht die neue **Euro 6d-Norm** erfüllen. Darunter fallen auch zugelassene Fahrzeuge, die beim Kauf geltenden Vorschriften, also geltendem Recht entsprachen. Es sind damit nicht nur Fahrzeuge von VW, sondern auch jene von allen anderen Herstellern und nicht nur diejenigen, deren Dieselmotoren manipuliert sind.

Diese Fahrzeuge sollen für die gigantische Luftverschmutzung verantwortlich sein, die in unseren Städten Zehn- oder sogar Hunderttausende Menschen umbringt.

Mit solchen Autos dürfen Sie bei einem Fahrverbot in bestimmten Straßen nicht mehr fahren. Sie können andere parallele Strecken benutzen, sollten aber erwarten, dass andere auf die gleiche Idee kommen und dort formidable Staus produzieren.

Doch Autos, mit denen man nicht mehr frei in die Städte fahren kann, sind wertlos geworden. Zumindest für diejenigen, die im Bereich der Städte wohnen. Auf dem flachen Land mag das anders aussehen, aber für Diesel-Besitzer in der Stadt sind das ernstzunehmende Einschränkungen. Die Folge: Autos, die gerade einmal 150.000 bis 180.000 Kilometer auf dem Tacho haben, werden bereits verschrottet. Sie könnten mindestens noch zehn Jahre halten. Aber dank grüner Ideologie geht es ab in die Schrottpresse.

Diese gigantische Verschwendung muss man sich einmal vor Augen führen. Wie viel Energie wurde benötigt, Hunderttausende von Autos zu bauen, Eisen zu schmelzen, Stahl, Blech und Kunststoffe herzustellen, über Hunderte bis Tausende Kilometer zu transportieren und zu einem Auto zusammenzufügen? Und dann werden diese fast noch neuwertigen Wagen einfach verschrottet?

Was spricht denn gegen die Lösung, die betroffenen Dieselfahrzeuge bis zu ihrem Ende weiterzufahren? Neufahrzeuge werden sowieso nur noch nach dem neuen Euro 6-Standard ausgeliefert. Somit erledigt sich das Problem – sofern wir es denn als solches bezeichnen wollen – von selbst im Laufe der Zeit. Nicht anders geschah das auch mit dem Drei-Wege-Katalysator für Benziner. Der konnte auch nicht von heute auf morgen eingeführt werden, erst musste die Infrastruktur für bleifreies Benzin aufgebaut werden, ohne welches der neue Katalysator nicht funktioniert.

Wer sich nun als Benziner-Besitzer entspannt zurücklehnt, der irrt: es sind auch bereits Autos mit Benzinantrieb in der Schusslinie. Ab September 2018 müssen alle neu verkauften Benziner mit Direkteinspritzung mit Ottopartikelfilter ausgerüstet sein, unabhängig davon, wie lange die Fahrzeuge schon am Markt erhältlich sind. Offen ist, ob es eine Nachrüstpflicht geben soll und ob ältere Fahrzeuge immer noch in die Innenstädte fahren dürfen.

Zwar sind jetzt nur solche mit sogenannter Direkteinspritzung betroffen, aber eine solche aufwendige Technik haben mittlerweile fast alle Motoren. Die soll eigentlich Benzin sparen helfen und damit auch den Ausstoß von CO_2 mindern. Sie stoßen auch Abgase aus, die lebensgefährlich sein sollen. Deshalb:

Stopp! Fordert, na, wer schon? Am lautesten unsere muntere Putztruppe von der Deutschen Umwelthilfe (DUH).

Denn die EU hat 2007 auch neue Abgasnormen für Benzinmotoren beschlossen. Sie treten ab September 2018 in Kraft. Im Prinzip gelten dann für Diesel- und Benzinmotoren für Partikel dieselben Werte. Benzinmotoren durften noch das Zehnfache eines Dieselmotors aus dem Auspuff stoßen, jetzt nur noch mit 6×10^{11} Partikel pro Kilometer so wenig wie ein Diesel. Das sind sehr wenig Teilchen; so werden sowohl aus Diesel- als auch aus Benzinmotoren praktisch keine Partikel mehr herauskommen. Solche Werte erreichen Benziner mit Direkteinspritzung in der Regel nicht.

Kurz zu Ihrem Verständnis: Auch in einem Benzinmotor findet eine Verbrennung statt. Dabei entstehen Abgase. Die Motorenbauer haben wie beim Diesel versucht, die Ausbeute zu erhöhen, also mehr Leistung aus dem Kraftstoff zu holen, um damit die Abgase zu reduzieren. Vorrangiges Ziel bei der Entwicklung von Motoren ist die Vermeidung von CO_2, das in jenem schamlos übertriebenen Märchen von der menschengemachten Klimakatastrophe zum Schadstoff Nummer eins erklärt wurde. Das hat zur Folge, dass andere Gefahrenstoffe erhöht werden, die Technik komplexer und damit anfällig und teuer wird.

Der Kraftstoff muss mit Luft in einem bestimmten Verhältnis vermischt werden. Nur dann zündet das Gemisch. Um noch sparsamer mit dem Kraftstoff umzugehen, also weniger CO_2 auszustoßen, entwickelten die Konstrukteure eine Einspritzpumpe. Die bläst ein paar Tröpfchen Kraftstoff in den Brennraum; eine Zündkerze entzündet dann das Kraftstoff-Luft-Gemisch. Das funktioniert allerdings nur gut bei einem bestimmten Anteil von Kraftstoff und Luft. Zudem sitzt hinter dem Motor seit langem ein Katalysator, der die Abgase reinigt. Der aber arbeitet nur bei einem exakten Kraftstoff-Luft-Mischungsverhältnis (Lambda 1) gut, bei zu viel Kraftstoff oder Öl wird er sogar zerstört.

Allerdings bleibt diesem Gemisch nicht immer genügend Zeit, damit alle Benzintröpfchen verbrennen. Die fliegen dann als Rußpartikel durch die Auspuffanlage ins Freie. Gerade bei höheren Drehzahlen werden auch mehr Rußpartikel ausgeblasen. Sie sollen sich in den Atemwegen festsetzen können. Eigene Untersuchungen, wie hoch die Belastung durch Partikel bei Benzinern in den Städten ist, gibt es jedoch nicht.

Beim Diesel scheint man da schon weiter zu sein, zumindest gilt er als Feind Nummer eins. Und damit kommen die von der DUH geforderten Fahrverbote ins Spiel.

Wie ernst sind die Fahrverbote gemeint?

Die ersten Städte rüsten begeistert auf, um Fahrverbote zu verhängen. Hamburg gibt sich ganz glühend, lässt bereits Vorrichtungen für Verkehrsschilder anbringen. In München scheint der Oberbürgermeister auch ganz wild darauf. Das klingt so schön grün und umweltschonend.

Aber viele Kommunal- und Landespolitiker wehren sich und versuchen, Fahrverbote zu verhindern – und werden daraufhin von der dubiosen DUH verklagt. Viel Erfahrung mit »Wutbürgern« haben die Grünen in Baden-Württemberg. Kein Wunder, in diesem Bundesland sitzen sie am längsten mit in Regierungen und haben frühzeitig Oberbürgermeistersessel okkupiert wie in Stuttgart. Hier tut sich Fritz Kuhn allerdings schwer, Fahrverbote durchzusetzen. Er weiß, was das für den vom Auto abhängigen Wirtschaftsstandort Stuttgart und für seine grüne Klientel in Stuttgarter Halbhöhenlage bedeuten würde. Ebenso skeptisch ist der Ministerpräsident des Autolandes Baden-Württemberg Kretschmann.

Ob Kommunalpolitiker tatsächlich ausgiebige Fahrverbote politisch überleben, ist zweifelhaft. Zumal langsam Bewegung in die Sache zu kommen scheint. Das Politpersonal hat wohl zum Teil erkannt, auf welches Protestpotenzial ein Fahrverbot stößt. Ab und zu äußert sich auch ein Grünen-Politiker und meldet

Zweifel an Fahrverboten an, leise allerdings, damit die Partei-freunde nicht zu sehr aufgeschreckt werden. Denn wenn, so gewinnen sie mit umwerfender Logik neue Erkenntnisse, eine bestimmte Strecke für Diesel-PKW gesperrt werde, so weichen natürlich die Fahrzeuge auf alternative Strecken aus. Diese parallelen Routen seien natürlich ebenfalls schon belastet, sodass dann auch hier ein Fahrverbot drohe.

Dann kommt meist die Forderung, die betroffenen Diesel-fahrzeuge nachzurüsten, auf Kosten der Automobilindustrie natürlich. Doch das letzten Endes wir, die Käufer, den Spaß bezahlen, ist ihnen nicht klarzumachen. Technisch ist das alles andere als einfach, wie Sie gleich noch erfahren werden.

Was also tun?
33 Tipps

Nichts ist beständiger als der Wandel und so lässt sich beinahe tagtäglich Neues zum Diesel-Skandal lesen. Die großen Fragen bleiben unterdessen dieselben. Was also können Sie als (geschädigter) Diesel-Besitzer überhaupt noch tun?

1. Jetzt noch einen Diesel kaufen?

Ein klares Ja! Preiswerter als derzeit kann man ihn nicht bekommen. Der Diesel wird natürlich nicht verschwinden, obwohl Hunderte von NGOs und Abmahnvereine wie die zweifelhafte Deutsche Umwelthilfe ihn lieber heute als morgen loswerden wollen.

Aber: Der Diesel-Motor ist ein sehr effizienter Antrieb, er geht mit seinem Rohstoff, dem Diesel, sehr sparsam um. Diese physikalische Grundlage wird auch durch noch so grüne Einwürfe von Hardcore-Aktivisten nicht aus der Welt geschaffen. Ohne ungehinderten Transport funktioniert eine Volkswirtschaft nicht mehr. Bisher hat sich nach vielen Irrungen und Wirrungen immer die bessere Technik durchgesetzt. Das wird auch diesmal so sein.

Also: Beobachten Sie die Entwicklung des Marktes! Auf dem deutschen Automarkt zeichnen sich gewaltige Verwerfungen ab. Über 80 Prozent der potenziellen Autokäufer wollen keinen Diesel mehr kaufen. Das ist nach der riesen Diesel-Sauerei nicht weiter verwunderlich. Sie fürchten mögliche Fahrverbote. Das zeigt, wie allein das Gerede dieser Technik zugesetzt hat.

2. Welche Diesel-Fahrzeuge können Sie kaufen?

Mit einem Diesel-Fahrzeug, das die neue **Norm Euro 6d Temp** erfüllt, liegen Sie richtig. Die Hersteller können diese Technik mittlerweile anbieten, mit ihr werden auch im laufenden Verkehr alle relevanten Grenzwerte eingehalten. Witziges Detail am Rande: Dabei sind Euro 4 Diesel insgesamt sauberer als Euro 5 und die ersten Euro 6 a, b und c Diesel.

3. Prüfen Sie, mit welchen Prämien die Hersteller locken!

Viele Hersteller bieten Ihnen Prämien an, wenn Sie Ihren alten Diesel zurückgeben und einen neuen kaufen. Das heißt, Sie erhalten entweder eine Umweltprämie oder eine Abwrackprämie oder anderes. VW beispielsweise bietet bis zu 10.000 Euro. Diese Aktionen sind zeitlich begrenzt, aber bisher wurden nach ihrem Auslaufen neue Aktionen aufgelegt. Angesichts der Talfahrt bei Dieselverkäufen ist davon auszugehen, dass diese Aktionen noch eine Weile bestehen bleiben.

Nichtsdestotrotz, immer daran denken: Die Abwrackprämie kann leicht zur Augenwischerei werden. Prüfen Sie, von welchem Preis für einen neuen Wagen ausgegangen wird. Meist ist es der Neupreis, den aber kaum jemand bezahlt. 20 bis 30 Prozent Rabatt sind in der Regel ohnehin drin. Damit fahren Sie unter Umständen besser als mit der Prämie des Herstellers.

4. Berücksichtigen Sie die neuen Abgasmessungen!

Jeder Neuwagen muss ab September 2018 nach dem neuen Prüfzyklus WLTP (Worldwide harmonized Light Duty Test Procedure) zugelassen sein. Nach den angeblichen Schwindeleien mit den bisherigen Prüfverfahren sollen die Angaben über den Verbrauch eher dem Straßenverkehr entsprechen, werden also höher als bisher angegeben sein. Diese neuen Werte muss der Autohersteller und -händler in seinem Verkaufsprospekt ausweisen.

Aber Achtung: Bei gebrauchten und bereits zugelassenen Autos ändert sich hinsichtlich der Abgasmessungen nichts. Die neue Regelung gilt nur für neue Fahrzeuge, die nach dem 1. September 2018 zugelassen werden. Geschätzt wird übrigens, dass die neue Abgasberechnung die Fahrzeugbesitzer rund eine Milliarde Euro mehr kosten wird.

5. Achten Sie auf höhere Kfz-Steuern!

Ab 1. September 2018 wird möglicherweise die Kfz-Steuer teurer. Denn ab diesem Tag werden bei Neuwagen Verbrauch und CO_2-Ausstoß nach dem neuen Testverfahren WLTP gemessen. Dieses arbeitet im Gegensatz zum alten System mit höheren Geschwindigkeiten und folglich mehr Verbrauch. Der CO_2-Ausstoß fließt mit in die Kfz-Steuer ein. Wie hoch die Steuer final ausfällt, hängt vom jeweiligen Modell ab. Experten rechnen aber mit einem durchschnittlichen Anstieg um 15 bis 25 Prozent.

6. Vorsicht bei kleineren Autos und Sonderausstattung

Für kleine Autos wird es teurer. Denn sie drehen beim Test mit höherer Drehzahl, während große Motoren eher im unteren Lastbereich drehen und relativ weniger ausstoßen. Das bedeutet einen höheren Verbrauch mit CO_2-Ausstoß und damit eine höhere Kfz-Steuer.

Auch Sonderausstattung beeinflusst den Verbrauch. Denn mehr Türen, elektrische Sitzverstellung oder Schiebedach bringen Gewicht und machen den Wagen schwerer. Der Verbrauch steigt, es wird mehr CO_2 ausgestoßen, der Fiskus kassiert mit. Nicht zu vergessen der Rattenschwanz an noch mehr Bürokratie, weil jedes Modell bewertet wird. Das schafft Arbeitsplätze, vor allem aber im Kraftfahrtbundesamt!

7. Richtig verschrotten lassen

Falls Sie sich final dazu entscheiden, ihr altes Dieselauto der Abgasnormen Euro 1, Euro 2, Euro 3 oder Euro 4 stillzulegen, um die Prämie zu kassieren, gilt es, das Auto richtig dem Verkehr zu entziehen. In der Regel gibt es zwei einfache Möglichkeiten: Zum einen nehmen die Händler ihr altes Auto entgegen und übernehmen die Entsorgung, natürlich nur, wenn Sie im Gegenzug einen der geförderten Neuwagen kaufen. In Deutschland ist gesetzlich geregelt, dass seit dem 1. Januar 2007 sämtliche Hersteller und Importeure verpflichtet sind, Altfahrzeuge ihrer Marke kostenfrei zurückzunehmen. Alternativ können Sie aber auch einen Nachweis vorlegen, dass Sie Ihr altes Dieselauto selbst zum Verschrotten gebracht haben. Dazu müssen Sie lt. dem Verband Deutscher Metallhändler (VDM) zur Verschrottung nur das Auto, Fahrzeugschein und Fahrzeugbrief mitbringen. Wichtig ist allerdings, dass Sie sich einen Betrieb aussuchen, der nach Altfahrzeugverordnung zertifiziert ist, da nur diese alte Autos annehmen und verschrotten dürfen. Zum endgültigen Stilllegen sind dann noch final bei der Zulassungsbehörde der Verwertungsnachweis, das polizeiliche Kennzeichen sowie der Fahrzeugschein und -brief (bzw. Zulassungsbescheinigung Teil I und II) vorzulegen.

8. Glauben Sie der Propaganda nicht und bleiben Sie gelassen

Den Kämpfern gegen den Diesel geht es nicht um die Umwelt, schon gar nicht um Vor- und Nachteile des Dieselantriebes, die es natürlich gibt, sondern einzig um die Frage: Lässt sich mit den Auseinandersetzungen irgendwie Geld verdienen?

Die Frage ist leider mit Ja zu beantworten. Organisationen wie die Deutsche Umwelthilfe verdienen mit ihren Klagen gegen den Staat und die Autohändler. Auf formaler Basis betrachtet haben sie recht: Es gibt Grenzwerte – auf welch windiger Basis sie beschlossen wurden, erfahren wir später im Buch, das spielt aber im Klagebereich keine Rolle. Die Verwerfungen beschränken sich lediglich auf Deutschland. In anderen Ländern sieht die Situation vollkommen anders aus.

Sogar in Amerika liebäugeln Autofahrer mit dem Diesel-Antrieb, zwei amerikanische Hersteller bauen bereits Dieselmotoren in ihre Fahrzeuge. VW hat zwar viel Lehrgeld bezahlen müssen für einen verschwindend geringen Marktanteil, aber möglicherweise wird er steigen.

Es ist zu erwarten, dass sich im Erfinderland des Diesel-Antriebes die NGO-getriebene Propaganda gegen den Verbrennungsmotor wieder legt. Es gibt eben keine sinnvolle Alternative. Zu beobachten ist sogar so etwas wie ein »Roll-Back«. Sogar die *Bild*-Zeitung feuert mittlerweile gegen die Diesel-Gegner, gegen die DUH und hat dabei ihre Leser im Blick, die mit den beträchtlichen Wertverlusten ihrer Autos zurechtkommen müssen.

Das Verdammen des Verbrenners ist hauptsächlich eine deutsche Angelegenheit. Der viel gescholtene Hersteller VW verdient derzeit so viel Geld wie nie zuvor. Die Produkte sind noch so gut, dass sie viele Käufer überzeugen. Welche Folgen die Entscheidung des im Augenblick sehr gebeutelten Managements haben werden, lässt sich erst in acht bis zehn Jahren erkennen, wenn sich die neuen Automodelle am Markt bewähren müssen. Sicher ist, der Elektroantrieb wird auch dann nicht die Hauptrolle spielen. Otto- und Dieselmotor – es wird sie also weiter geben.

9. Fahrtverbote und blaue Plaketten

Die Liste der Städte, in denen Fahrverbote tatsächlich absehbar sind, liest sich bisher sehr übersichtlich: Betroffen sind in erster Linie München, Kiel, Stuttgart, Köln und Hamburg – hier ist zu befürchten, dass die Vorgaben der EU-Kommission hinsichtlich Stickstoffdioxid nicht eingehalten werden können.

Andere Quellen – wie eine Ende März 2018 veröffentlichte Statistik des Umweltbundesamtes – sprechen von rund 70 Städten, die hinsichtlich der Überschreitung des Grenzwerts von 40 Mikrogramm NO_2 pro Kubikmeter Luft im Jahresdurchschnitt potenzielle Kandidaten für partielle Fahrverbote sind. 2016 waren es noch 90, und welche einzelnen Maßnahmen nun zu dieser Verringerung geführt haben, weiß man auch beim Umweltbundesamt nicht so genau. Alles also recht wolkig.

Noch dazu hat das Bundesverwaltungsgericht in seinem Urteil vom 27. Februar zwar erklärt, dass Fahrverbote rechtlich möglich sind und dass die Städte »schnellstmöglich« die Grenzwerte einzuhalten haben, doch es bleibt die Frage: Was bedeutet »schnellstmöglich«? Und: Die Umsetzung ist Sache der Städte und Gemeinden, Ausnahmeregelungen sind zu erwarten. Noch dazu: Ohne die blaue Plakette oder ähnlicher Kennzeichnung sauberer Dieselfahrzeuge ist eine Kontrolle durch Polizei oder Ordnungsämter praktisch nicht möglich. Ob, wann und mit welchen Richtlinien die blaue Plakette eingeführt wird, ist bis dato völlig offen.

Hamburg beeilt sich allerdings, Fahrverbote einzurichten. Nur ist die Strecke, auf der ältere als Euro 6-Diesel nicht fahren dürfen, mit 580 oder 1600 Metern nicht sonderlich lang. Die Aktion soll so lange gelten, bis die NO_2-Werte auch ohne Fahrverbote im Jahresdurchschnitt unter dem Grenzwert bleiben. Allerdings muss sorgsam beobachtet werden, wie weit diese geringen Fahrverbote Testballon für weiterreichende sind, die später kommen könnten.

Der **Stuttgarter** OB Fritz Kuhn sagt: »Das Land Baden-Württemberg wird nun den Luftreinhalteplan überarbeiten und dabei die Grundsätze des Urteils anwenden. In der Neufassung des Entwurfs wird dann festgelegt, für welche Fahrzeuge die Fahrverbote gelten und ab wann sie umzusetzen sind.« Das kann allerdings dauern: mindestens ein halbes Jahr zur Überarbeitung und Verabschiedung des aktualisierten Luftreinhalteplans. Eilig klingt anders. Nichtsdestotrotz: In Stuttgart werden Fahrverbote auch für Fahrzeuge mit Ottomotor diskutiert, wenn sie nicht die Norm Euro 3 erfüllen.

10. *Ein grundsätzliches Problem: Die Messstellen*

In Stuttgart gerät Deutschlands berühmteste Messstelle Neckartor stark in die Kritik, steht sie doch an anderer Stelle, als die EU-Vorschriften vorsehen. Das wird bei Fahrverboten besondere

Aufmerksamkeit hervorrufen, ebenso die Frage, wie korrekt dort gemessen wird. Diskutiert wird die Frage von verschiedenen Seiten, wie gerechtfertigt Fahrverbote sind, wenn die Messstellen falsche Werte liefern. Im Online-Magazin *Tichys Einblick* wurden erhebliche Missverhältnisse und Manipulationen bei der Aufstellung der Messstationen festgestellt.

Noch dazu dürften nicht alle der fast 600 Messstationen in Deutschland richtig kalibriert sein. Doch für alle wichtigen Messungen sind regelmäßige Überprüfungen vorgeschrieben, ob die Messmittel noch im Genauigkeitsbereich arbeiten. Das ist so wie bei Radarfalle oder Abstandsmessung. Wenn das Kalibrierintervall überschritten wurde, müssen Sie nicht bezahlen.

Von uns befragte Fachleute können sich angesichts des teilweise verwahrlosten Zustandes nicht vorstellen, dass der Genauigkeitsbereich korrekt neu kalibriert wurde. Es muss allerdings in jedem Einzelfall überprüft werden. Lassen Sie sich die entsprechenden Dokumentationen zeigen, zum Beispiel, wenn Fahrverbote angeordnet werden sollen. Nachteil: Ohne Fachmann und Rechtsbeistand ist das schwierig. Es ist ähnlich wie bei Blitzern, deren Gültigkeit abgelaufen ist. Sie müssen für Ihre Geschwindigkeitsübertretung nicht bezahlen, die Messwerte dürfen nicht verwendet werden. Sie dürfen schon gar nicht für ein Fahrverbot herhalten.

Und überhaupt: Selbst an der Messstelle Neckartor wurde der Stundengrenzwert, der neben dem Jahresmittelwert und Tagesmittelwert erhoben wird, im gesamten Jahr 2017 nur drei Mal leicht überschritten, obwohl der Verkehr zugenommen hatte. Worüber also reden wir?

11. Kommunen müssen alte Dieselbusse nachrüsten

Versuchen Sie, in Ihrer Stadt mit darauf zu drängen, dass ältere Stadtbusse modernisiert werden. Die gehören meist zu den tatsächlichen Dreckschleudern und beeinflussen die Luftqualität erheblich. Immerhin hat der neue Verkehrsminister eine neue Förderrichtlinie erlassen, nach der 28.000 Stadtbusse umgerüstet werden sollen. Das kostet 107 Millionen Euro und bringt eine ganze Menge für bessere Stadtluft.

Viele Städte reden aber stattdessen eher von Elektrobussen in ihrer Stadt. Damit meinen sie jedoch vor allem, sich selbst bei der Inbetriebnahme und feierlichen Eröffnung neuer Strecken neben den Bussen abfotografiert in der Zeitung zu sehen. Diese Busse sind extrem teuer und fehleranfällig. Die Reichweite ist nicht besonders hoch. Damit Sie im Winter in den Bussen nicht zu sehr frieren, werden kleine Dieselaggregate plus Tank eingebaut – zur Wärmeerzeugung. Im Sommer reicht der Inhalt der Akkus nicht für eine Klimatisierung. Klopfen Sie also Ihrer Stadt auf die Finger. Mehr bringen neue preisgünstige saubere Dieselbusse oder die Nachrüstung, die bei Dieselbussen leichter möglich ist als bei Autos.

12. Treten Sie bei jeder Gelegenheit ihren Abgeordneten auf die Füße!

Fragen Sie ihn, wie es sein kann, dass bereits drei, vier Jahre alte Dieselautos häufig in die Schrottpresse wandern. Mit voller Ausstattung! Viele Schrotthändler haben keinen Platz mehr, die Wagen zu lagern und nacheinander auszuschlachten. Besonders gespannt dürfen Sie auf die Antwort von grünen Politikern sein. Wir haben noch die Abwrackprämie vor ein paar Jahren gut in Erinnerung.

13. Gegen was lässt sich klagen?

Neben der grundsätzlichen Option, den Hersteller auf Schadensersatz zu verklagen, lässt sich auf dem Gerichtsweg womöglich noch einiges erreichen:

- Klage »gegen« die Messstationen. Viele Messstationen sind nicht richtig aufgestellt. Sie liefern falsche Messwerte. Wenn sie richtig aufgestellt wären und korrekte Messwerte geliefert hätten, und wenn dabei keine Überschreitungen aufgetreten wären, bietet das einen Grund zu deftigen Klagen und heftigen Schadensersatzforderungen, gegebenenfalls gegen die verantwortlichen und entscheidenden Institutionen für diese Aufstellung der Anlagen. Allerdings muss das immer im Einzelfall geprüft werden.
- Fahrverbote: Sie können nicht präventiv gegen Fahrverbote klagen. Entweder haben Sie ein Klagerecht, wie das die DUH hat, oder Sie sind Betroffener, weil Sie gegen das erlassene Fahrverbot verstoßen haben. Erst dann können Sie Klage gegen Fahrverbote erheben.
- Klagen »gegen« den Feinstaub: In Stuttgart hat Professor Ulrich Kull bis zu seiner Pensionierung unter anderem die Auswirkungen von Luftverschmutzung auf Pflanzen untersucht. Feinstaub, so erklärte er, setze sich nämlich aus unterschiedlichen Materialien zusammen und sei umso gefährlicher, je kleiner die Partikel seien. Aber mit den bisherigen

Messmethoden werden alle Partikel gemessen, sowohl die kleineren als auch die größeren. Hier liege der Knackpunkt der Feinstaubdebatte: Sollten basierend darauf Fahrverbote verhängt werden, wären diese wohl gerichtlich anfechtbar, meint Professor Kull.

14. Fragen Sie bei Ihrer Kommune nach, welche Auswirkungen Fahrverbote eigentlich auf die Luftsituation haben!

Denn ob Fahrverbote überhaupt sinnvoll sind, ist nicht einmal sicher. Dafür müssten erst einmal differenzierte Messdaten und verlässliche Computermodelle vorliegen. Das sagen Forscher des Instituts für Energie- und Klimaforschung, Bereich Troposphäre in Jülich.

Solche Modelle gibt es nicht. Doch ohne diese Modelle ist es laut Dr. Franz Rohrer vom Jülicher Institut schwierig, vorauszusagen, welche Auswirkungen Maßnahmen wie ein Diesel-Fahrverbot hätten. Denn neben direkten Auswirkungen gibt es noch indirekte, zum Beispiel die Bildung sekundärer Schadstoffe wie Ozon. Der Wissenschaftler des Jülicher Instituts für Troposphärenforschung verweist auf bekannte Auswirkungen der Atmosphärenchemie: »In den vergangenen Jahren sind die Ozonwerte zurückgegangen. Durch die Einführung von Katalysatoren in den Autos sanken die Kohlenwasserstoff-Konzentrationen in den Städten drastisch, die der Stickoxide blieben aber fast gleich. Dadurch konnte sich nicht mehr so viel Ozon bilden.«

Würde man jetzt durch Fahrverbote gezielt nur die Stickoxid-Emissionen reduzieren, würde in größeren Städten sehr wahrscheinlich wieder mehr Ozon gebildet. Das ließe sich nur verhindern, wenn gleichzeitig auch der Ausstoß von Kohlenwasserstoffen des Verkehrs gebremst würde, zum Beispiel indem man das Kaltstart-Verhalten von Autokatalysatoren weiter verbesserte. Rohrer sieht daher einseitige Maßnahmen wie ein Diesel-Fahrverbot kritisch: »Mit zusätzlichen Daten aus Messkampagnen müssen wir die Computermodelle weiter verbessern. Erst wenn wir ein präzises Bild der Atmosphärenchemie einer Stadt oder eines Ballungsraums haben, können wir tatsächlich beurteilen, welche Auswirkungen Reduktionsstrategien wie Fahrverbote längerfristig haben.«

15. Steigen Sie Ihrer Stadtverwaltung aufs Dach – gegen künstliche Stauerzeugung!

»Die künstliche Stauerzeugung« ist nichts Neues, ein Lieblingsspielzeug grüner Stadtplaner, wie das auch jetzt der ehemalige Wiener Verkehrsplaner Hermann Knoflacher in einem *Spiegel*-Interview offen zugegeben hat: »Wir haben die Autofahrer genervt. Wir haben Straßen verengt und systematisch Stau erzeugt.« Ein Straßenplaner der Stadt Stuttgart hat einmal gesagt: »Es wäre überhaupt kein Problem, in Stuttgart Staus komplett zu vermeiden. Aber das tun wir nicht, damit nicht noch mehr Autos reinfahren.«

Doch dabei erhöhen sich gleichzeitig die Abgase durch die stehenden Autos. Fahrspuren werden zugunsten von öffentlichen Parkplätzen gesperrt, das produziert allerdings nur Staus und hohe Luftbelastung. In Berlin versucht man mit Erfolg, den Verkehr wieder zum Fließen zu bringen. Das senkt auch die Messwerte an den Messstationen.

16. *Vorsicht bei Software-Updates!*

Auch wenn es nicht so aussieht: Für die Hersteller ist das Software-Update ein Mammutprojekt. Tausende von Programmzeilen müssen für jeden Wagentyp mit jeder einzelnen Kombination von Motor, Getriebe und sonstiger Ausstattung umgeschrieben und getestet sowie zugelassen werden. Das lässt sich nicht von heute auf morgen ändern. Fast alle Autofahrer berichten von leicht erhöhtem Spritverbrauch. Machen müssen Sie dieses Update dennoch, denn sonst droht Ihnen das Erlöschen der Betriebserlaubnis für Ihr Auto. Im Januar 2016 sprach das Kraftfahrt-Bundesamt von einer Frist von 18 Monaten innerhalb dieser das Update aufgespielt werden muss. Fraglich, ob das seitens der Händler und Werkstätten zu bewerkstelligen ist. In Deutschland sind rund 2,5 Millionen VW-Diesel betroffen. Dazu kommen noch 2,4 Millionen Audi-Diesel und 1,2 Millionen von Skoda.

Die neue Software-Version ändert in der Motorsteuerung die Zeitpunkte, an denen Dieselkraftstoff eingespritzt wird, und die Dauer der sogenannten Abgasrückführung. Dabei lenkt ein Abgasrückführungsventil einen Teil der Abgase aus dem Auspuff zu bestimmten Zeiten wieder in den Brennraum zurück. Diese ungewöhnliche Aktion sorgt dafür, dass die Temperaturen im Brennraum sinken und weniger Stickoxide produziert werden. Die Einspritzung der winzigen Menge Sprit geschieht nicht auf einmal, sondern sehr kurz hintereinander in zwei Phasen. Das bedeutet wiederum, dass die Einspritzdüse wesentlich häufiger öffnen und schließen muss – das bei dem sehr hohen Druck von 1200 bis 1800 bar. Wie lange die Injektoren dies aushalten, ist noch offen. VW sagt zusammen mit dem Hersteller, dass durch die deutlich höhere Beanspruchung die Lebensdauer der teuren Injektoren nicht beeinträchtigt werde. Richtig austesten konnten die Entwickler dies wohl unter dem enormen Zeitdruck kaum. Bleibt abzuwarten, wie sich die Technik im täglichen Fahreinsatz der VW-Besitzer nach 120.000 bis 150.000 Kilometern verhält.

Hier zeigt sich, dass manche eben gleicher sind als andere: Wenn ich als deutscher KFZ-Halter an meinem Fahrzeug etwas verändere, was nicht zugelassen oder nicht in den Fahrzeugpapieren eingetragen ist, kann mir bei einer Kontrolle jeder Streifenpolizist die Weiterfahrt untersagen, sagt Horst Roosen, Vorstand des BSZ e.V. Die Betriebserlaubnis für das Fahrzeug ist erloschen, der Versicherungsschutz ist weg und eine Strafe ist zu bezahlen. Bei einem Konzern wie VW gilt dies alles offenbar nicht.

Der BSZ e.V. (Bund für soziales und ziviles Rechtsbewußtsein e.V.) fordert deshalb eine Garantie, mit der VW für Folgeschäden haftet, die aus dem Update resultieren. Eine solch Garantie will Volkswagen aber nicht abgeben. VW-Kunden sind kaum in der Lage, den Nachweis zu erbringen, dass entstehende Mängel an ihren Autos auf die Umrüstung zurückzuführen sind. Bei einer Garantie allerdings müsste VW beweisen, dass eventuell auftretende Mängel nicht durch die Umrüstung entstanden sind. Autobesitzer, die ihr Fahrzeug schon in der Werkstatt umrüsten ließen, klagen teilweise über erhebliche Mängel. VW weigert sich aber, für die Umrüstung eine Garantie zu geben. VW verbreitet, dass das Update »keinen negativen Einfluss auf die Funktion und Wirkungsweise des Abgasrückführungssystems« habe.

Die Frage der Garantie für diesen nicht unerheblichen Eingriff ist damit völlig offen. Ein Urteil macht dennoch Hoffnung:

Denn, der Autokauf kann trotz Software-Update rückgängig gemacht werden Händler und Autohersteller können sich bei Klagen im Abgasskandal nicht darauf zurückziehen, dass bereits ein Software-Update aufgespielt wurde und der Autokäufer deshalb keine Ansprüche mehr habe. Denn mit Beschluss vom 27.03.2018 hat das OLG Köln darauf hingewiesen, dass es die Rückabwicklung des Kaufvertrags grundsätzlich auch trotz aufgespielten Updates für möglich hält (Az.: 18 U 134/17).

Der Käufer eines vom Abgasskandal betroffenen Audi A4 Diesel hatte auf Rückabwicklung des Kaufvertrags geklagt, nachdem er etwa drei Monate zuvor das Software-Update bereits hatte aufspielen lassen. Dies begründete er mit negativen Auswirkungen des Updates auf Verbrauch, CO_2-Emissionen, Motorleistung und Verschleiß. Das OLG Köln stellte klar, dass der Anspruch auf Rückabwicklung des Kaufvertrags trotz der Installation grundsätzlich weiter bestehen kann.

Denn der erworbene Audi A4 Diesel sei aufgrund der Abgasmanipulationen als mangelhaft einzustufen. Damit sei der Anspruch des Käufers auf Übergabe und Übereignung eines mangelfreien Fahrzeugs nicht vollständig erfüllt gewesen. Da weder Audi noch der Händler den Einsatz der Manipulationssoftware als Mangel akzeptierten, könne die Installation des Software-Updates nicht als Nacherfüllung angesehen werden. Diese Leistung sei angeboten worden, da das Kraftfahrt-Bundesamt den Rückruf angeordnet habe und ohne die Nachbesserung die Stilllegung der vom Abgasskandal betroffenen Fahrzeuge gedroht habe.

Der Kunde habe außerdem den Erfolg der Nachbesserung nicht beurteilen können, da ihm dazu die Kenntnis notwendiger Details fehlte. Daher könne auch nicht davon ausgegangen werden, dass er die Nachbesserung inhaltlich billigen wollte. Vielmehr habe der

Kunde das Update installieren lassen, um nicht den Verlust der Betriebserlaubnis zu riskieren, erklärte das OLG Köln.

Der Kunde müsse zwar darlegen können, welche konkreten Sachmängel durch das Software-Update auftreten sollen. Es genüge aber schon, wenn er die nachteiligen Auswirkungen des Updates behauptet. Beweisen muss er sie nicht. Die Beweislast liege vielmehr beim Händler. Er müsse darlegen können, dass diese Mängel nicht durch das Update auftreten, so das OLG Köln.

17. *Beteiligen Sie sich an der Aktion »Gleiches Recht für Deutsche Autokäufer wie für US-Käufer«!*

Der Dieselmotor richtet sich weder in den USA nach US-Recht noch in Deutschland nach deutschem Recht, sondern folgt allein den Regeln der Physik. Hier wie dort läuft er mit Dieseltreibstoff und immer in der Art und Weise, wie ihn seine Ingenieure konstruiert haben. Daher fordert der BSZ® e.V. Autohersteller auf, betrogene deutsche Autokäufer nach den gleichen Regeln wie US-Kunden zu behandeln!

Der BSZ e.V. ist ein unabhängiger eingetragener Verein in Dieburg, der seit 1998 im Anleger- und Verbraucherschutz tätig ist, selbst aber keine Rechtsberatung leistet.

Werden die Abgaswerte mittels einer illegalen Software manipuliert, so sind sowohl die US-Kunden als auch die deutschen Kunden eines solchen Autos die Betrogenen, sagt Horst Roosen, Vorstand des BSZ Bund für soziales und ziviles Rechtsbewußtsein e.V.

In den USA erhalten Kunden zwischen 5100 und 10.000 Dollar an Entschädigungsprämien. Der Hersteller ist dort verpflichtet, entweder das manipulierte Auto zurückzukaufen oder mittels Hardware-Nachrüstung die strengen US-Abgasvorschriften zu garantieren. Zurückgekaufte Autos dürfen, solange sie nicht nachgerüstet wurden, nicht weiterverkauft und auch nicht ausgeführt werden. Außerdem haben die US-Behörden eine Milliardenstrafe gegen den Autobauer verhängt. Der deutsche Kunde dagegen wird von seiner Regierung bisher im Stich gelassen.

Daher: Lernen Sie von amerikanischen Autokäufern! Möglicherweise gibt es absehbar auch für Privatleute die Chance, VW direkt auf Schadensersatz zu verklagen.

Geprellte US-Autokäufer beispielsweise verlangten Schadensersatz und die Rücknahme der Fahrzeuge, berichtet der BSZ Bund für soziales und ziviles Rechtsbewusstsein. Die amerikanischen Behörden präsentierten Volkswagen für das illegale Verhalten eine Rechnung im zweistelligen Milliardenbereich. VW bekannte sich schuldig und akzeptierte alle Auflagen. VW hat gegenüber den US-Behörden sogar zugegeben, dass es bei der fraglichen Software bewusst darum ging, im Emissionsprüfprozess die Ergebnisse zu manipulieren. In Deutschland dagegen bestreitet VW, etwas Verbotenes getan zu haben. Der deutsche Autokäufer muss also vor Gericht ziehen und um sein Recht kämpfen. Eine Heerschar von Rechtsanwälten bietet den Betroffenen juristischen Beistand an. Die Gerichte entscheiden leider nicht einheitlich.

18. Achten Sie darauf, dass kein Zulassungsverlust droht

Die Besitzer von VW-, Audi-, Skoda- und Seat-Fahrzeugen mit manipulierten VW-Dieselmotoren müssen sich auf den Verlust ihrer Zulassung einstellen, wenn sie das umstrittene Software-Update ablehnen.

Das geht aus einem Schreiben des Kraftfahrt-Bundesamtes (KBA) hervor. Wer dem VW-Abgasrückruf nicht folgt, läuft Gefahr, dass die Behörden das Fahrzeug stilllegen. Besitzer müssen dafür auch noch zahlen. Besitzer betroffener Fahrzeuge, die ihr Auto nicht stillgelegt haben möchten, sind also gezwungen, dem Rückruf ihres Herstellers Folge zu leisten.

Da die Betrugssoftware nunmehr amtlich als Mangel anerkannt ist, hat sich für Autobesitzer, die vor Gericht klagen, die Situation schlagartig wesentlich verbessert, sagt Horst Roosen, Vorstand des BSZ Bund für soziales und ziviles Rechtsbewusstsein e.V.

19. Achten Sie auf die aktuelle Entwicklung in der Rechtsprechung

Inzwischen lässt sich feststellen, dass mittlerweile öfter zugunsten der Autokunden geurteilt wird. Ein geradezu bahnbrechendes Urteil hat das Hamburger Landgericht gefällt. Es verurteilte Volkswagen Hamburg, ein Dieselfahrzeug mit manipulierten Abgaswerten zurückzunehmen und gegen einen Neuwagen auszutauschen. Der Kläger hatte vor drei Jahren bei Volkswagen Hamburg einen VW Tiguan gekauft und nach Bekanntwerden der Manipulation die Software nachrüsten lassen: Trotz der Nachrüstung hat er nun Anspruch auf einen einwandfreien Neuwagen. Denn der Käufer könne erwarten, dass das Fahrzeug die versprochenen Abgaswerte einhält. Außerdem könne die Nachrüstung des drei Jahre alten Autos zur Folge haben, dass der Wagen schneller verschleiße. Das wäre dem Autokäufer nicht zuzumuten, befanden die Richter.

Die Argumentation des Autohauses, der Tiguan I werde gar nicht mehr hergestellt, ließ der Richter nicht gelten – und verurteilte den VW-Händler dazu, dann eben den neuen Tiguan II aus der aktuellen Produktion im Tausch für den Schummel-Diesel zu überlassen.

Weitere kundenfreundliche Urteile sind mittlerweile aktenkundig. So haben beispielsweise die 3. und die 6. Zivilkammer des Landgerichts Bremen Ansprüche gegen Händler bejaht, unter Umständen auch Ansprüche gegen VW selbst. Vor dem Landgericht München wurde ein Kaufvertrag wegen Täuschung wirksam angefochten. Der Händler musste das Auto zurücknehmen und den Kaufpreis erstatten, abzüglich Nutzungsersatz. In Krefeld setzte ein Kläger sein Rücktrittsrecht durch; auch hier musste der Händler den Wagen zurücknehmen und den Kaufpreis erstatten. Ähnlich entschieden bisher auch Richter in Hagen, Lüneburg und Oldenburg. Laut dem Vorsitzenden der 9. Zivilkammer des Landgerichts Oldenburg wurden Verfahren, die in Berufung zum Oberlandesgerichts (OLG) Oldenburg gegangen sind, dann verglichen. Es liegt deshalb bisher keine Entscheidung des OLG Oldenburg vor.

20. Beachten Sie die Frage der Verjährung!

Entgegen anderslautender Mitteilungen von Volkswagen verjähren Ansprüche aus unerlaubter Handlung gegen den Hersteller frühestens zum 31. Dezember 2018.

21. *Wehren Sie sich gegen Fahrverbote*

Auch wenn bislang noch keine Fahrverbote ausgesprochen wurden, zeigt das Urteil des BVerwG jetzt schon Auswirkungen.

Auf dem Gebrauchtwagenmarkt brechen die Preise für Diesel weiter ein, und es wird über die Einführung einer hellblauen Plakette (für nachgerüstete Diesel mit der Euro-5-Norm und zugelassene Diesel mit der Norm Euro 6) und einer dunkelblauen Plakette (für Diesel mit der Norm Euro 6d) kontrovers diskutiert. Konkrete Entscheidungen wurden noch nicht getroffen. Aber die Diskussion zeigt vor allem, dass Fahrverbote immer konkretere Formen annehmen und eben auch neuere Diesel mit der Schadstoffklasse Euro 6 betroffen sein können. »Dieselfahrer müssen aber nicht nur mit Fahrverboten rechnen, sondern auch noch einen enormen Wertverlust ihrer Autos beklagen. Doch dagegen können sie sich wehren.«

Grundsätzlich bieten sich den Dieselfahrern zwei Optionen: Ist ihr Fahrzeug vom Abgasskandal betroffen, weist es einen Mangel auf. Dieser kann zu Schadensersatzansprüchen oder der Rückabwicklung des Kaufvertrags berechtigen. Zahlreiche Gerichte haben hier inzwischen zugunsten der Verbraucher entschieden.

Alternativ kann auch der Widerruf der Autofinanzierung geprüft werden. Diese Möglichkeit besteht unabhängig vom Abgasskandal. Ebenso spielt es keine Rolle, ob es sich bei dem finanzierten Wagen um einen Diesel oder einen Benziner handelt. Der Rechtsanwalt: »Bei Autofinanzierungen liegt zwischen dem Kreditvertrag und dem Kaufvertrag zumeist ein sogenanntes verbundenes Geschäft vor. Durch den erfolgreichen Widerruf werden dann beide Verträge rückabgewickelt mit der

Folge, dass der Verbraucher das Auto an die Bank zurückgibt und im Gegenzug sein Geld zurückerhält. Auch hier haben inzwischen verschiedene Gerichte zugunsten der Verbraucher entschieden.«

Voraussetzung für den Widerruf ist, dass die Bank ihren Kunden fehlerhaft über sein Widerrufsrecht informiert hat. Nach Ansicht der Rechtsanwälte ist dies bei zahlreichen Autofinanzierungen der Fall. Nach erfolgreichem Widerruf kann die Bank für die gefahrenen Kilometer einen Nutzungsersatz verlangen. Bei Autofinanzierungen ab dem 13. Juni 2014 kann dieser Nutzungsersatz aufgrund einer verbraucherfreundlichen Gesetzesänderung unter Umständen ganz entfallen.

22. Lassen Sie Ihre Unterlagen zuerst einmal unabhängig prüfen!

Wenn Sie in Sachen Abgas-Skandal unsicher sind, wie Sie Ihre Rechte geltend machen können, lassen Sie sich fachkundig von Anwälten beraten. Auf dem Markt preisen sich viele an. Eine unabhängige Beratung über das Vorgehen bietet die »Interessengemeinschaft Diesel Solidar-Pakt«. Die hat der BSZ Bund für soziales und ziviles Rechtsbewusstsein e.V. in Dieburg (Internet: http://www.fachanwalt-hotline.eu) gegründet.

Der BSZ e.V. selbst führt keine Rechtsberatung durch, sondern empfiehlt Vertragsanwälte. Den Verein gibt es seit 1998, er sorgt mit der Veröffentlichung und Verbreitung aktueller Anlegerschutz-Nachrichten für aktiven Anlegerschutz. Fördermitglieder des BSZ e.V. können eine erste rechtliche Einschätzung kostenlos durch BSZ e.V. Vertragsanwälte vornehmen lassen.

Die Rechtsanwälte prüfen für Sie Rücktritts-, Rückabwicklungs- und Schadensersatzansprüche. Die Sichtung der Unterlagen sowie die rechtliche Beratung über Ihre Chancen vor Gericht erfolgen für die Fördermitglieder der BSZ e.V. Interessengemeinschaft Diesel Solidarpakt durch die BSZ e.V. Vertrauensanwälte persönlich und kostenlos. Bei der Durchsetzung Ihrer Kundenrechte ist es sinnvoll, anwaltlich begleitet zu werden.

23. *Widerruf von Krediten für den Schummel-Diesel*

Als Besitzer eines abgasmanipulierten Dieselmodells können Sie unter Umständen den Fahrzeugkauf rückgängig machen – und zwar nicht gegenüber dem Händler oder Hersteller, sondern gegenüber der finanzierenden Bank. Voraussetzung dafür ist, dass Ihr Fahrzeug über ein Darlehen finanziert wurde.

Die Anwälte haben bei einer eingehenden Prüfung festgestellt, dass die Widerrufsbelehrungen in vielen Verträgen zur Autofinanzierung fehlerhaft sind und nicht den gesetzlichen Anforderungen genügen. Folglich lassen sich derzeit Darlehensverträge noch widerrufen, obwohl sie unter Umständen schon vor Jahren abgeschlossen wurden.

Sofern es sich um einen sogenannten verbundenen Vertrag handelt, zu denen die meisten Finanzierungsverträge für Autos zählen, können Sie als Kunde den Kauf eines abgasmanipulierten Dieselfahrzeugs rückgängig machen.

24. Lassen Sie Ihre Diesel-Käufe und -Leasingverträge prüfen

Das lohnt sich in jedem Fall. Dass viele Autofahrer, Firmen und Körperschaften sich gerade nicht Sammelklagen anschließen, ist ein Trend, der handfeste wirtschaftliche Gründe hat.

Denn derjenige, der im Verbund mit anderen Teilnehmern zusammen seine Forderung vorträgt, muss zwangsläufig immer so lange warten, bis das letzte Glied in der Kette alle notwenigen Belege zusammengesammelt hat – und das kann erfahrungsgemäß schon einmal viele Monate Vorsprung kosten – und Mehrkosten muss das individuelle Vorangehen auch nicht haben.

25. Finger weg von Messgeräten, um Luftschadstoffe selbst zu messen!

Auch die Industrie lernt schnell. Verkaufte sie noch bei der atomaren Superkatastrophe von Tschernobyl, die bekanntermaßen den Erdball sprengte, so viele Geigerzähler wie noch nie an Leute, die eher wenig damit anfangen konnten, so hat sie jetzt Sonderschichten für die Fertigung von Partikelmessgeräten wie das HP-5800 elf (F für Feinstaub)-Messgerät angeworfen, erhältlich über Amazon.

Jetzt gibt es auch Stickoxid-Messgeräte für den Hausgebrauch. Lassen Sie die Finger davon, wenn Sie nicht ziemlich viel Ahnung von Analytik, Lufthygiene und Messtechnik haben. Ganz wichtig ist die Kalibrierung sämtlicher Messgeräte unter standardisierten Bedingungen. Keine einfache Aufgabe, aber eine notwendige, sonst sind Ihre Messungen nutzlos.

Überlassen Sie es lieber den Fachleuten, und seien Sie kritisch gegenüber deren Angaben. Seien Sie vorsichtig gegenüber Zahlen, wenn DUH und andere erzählen: 6000, 12.000 oder 400.000 Tote durch Stickoxide: Das stimmt nicht.

26. Hören Sie auf Professor Thomas Koch!

Thomas Koch ist Professor und Leiter des Instituts für Kolbenmaschinen am Karlsruher Institut für Technologie, er kennt sich mit Motoren aus wie kaum ein Zweiter. Er warnt deutlich vor Aktionismus: »Eine Verbannung der Verbrennungsmotoren, wozu der Diesel ja zählt, ist völlig indiskutabel. Eine langfristige Planung führt an ihnen nicht vorbei. Ich bin überzeugt, dass wir auch noch in 50 Jahren Verbrennungsmotoren haben werden und gleichzeitig einen Mix aus verschiedenen Antriebsquellen.«

27. Vergessen Sie die Grenzwerte für Diesel!

Die EU-Kommission hat 2007 den viel diskutierten Stickoxid-Grenzwert von 180 Milligramm beschlossen. Professor Thomas Koch sagt: »Allen Fachleuten war von Beginn an klar, dass dieser Grenzwert mit der zur Verfügung stehenden Technik im vergangenen Jahr nicht eingehalten werden konnte. Darum hat man auch bewusst Grauzonen im Gesetz belassen. Die Herausforderung für die Ingenieure bestand in der Folge darin, in den Euro-5-Motoren einen Partikelfilter einzubauen, der sich nicht sofort mit Ruß zusetzt. Dafür gibt es verschiedene Möglichkeiten. Man kann den Filter entweder auf 600 Grad erhitzen, dabei stößt man aber an technische Grenzen. Peugeot hat bereits im Jahr 2000 ein Additiv unter dem Namen Eolys beigemischt, das die Verbrennungstemperatur der Rußpartikel auf 450 Grad herabsetzte. In dem Additiv war allerdings das leicht giftige Ceresin enthalten.

Die dritte Möglichkeit ist, den Partikelfilter mit NO_2 zu schützen. Ein hoher Stickoxid-Anteil verhindert ebenfalls eine Verrußung des Filters, hat aber auch zur Folge, dass die NO_2-Konzentration im Abgas deutlich erhöht ist. Dieser Kompromiss wurde zudem von den Herstellern teuer erkauft, weil man eine hohe Edelmetallbeladung im Oxidationskatalysator braucht, um genügend NO_2 zu erzeugen.«

Thomas Koch: »Bei Euro 5 hat man den Grenzwert sicherlich zum Teil aus den Augen verloren, auch in der Überzeugung, ihn ohnehin im Realbetrieb nicht zu erreichen. Angesichts der Grauzonen hat die Industrie geglaubt, dass die Einhaltung des Grenzwertes bei der Zertifizierung ausreichen würde. Das ist der Grund, warum rasiermesserscharf zwischen der Zertifizierung des Grenzwertes und der Einhaltung des Grenzwertes im Realbetrieb unterschieden werden muss. Sicherlich wurde bei Euro 5 in der Unerfüllbarkeit der 180mg/km die Grauzone wiederum in Teilen auch klar überstrapaziert, jedoch war der Grenzwert im Realbetrieb nicht erreichbar.«

28. *Wenn möglich, VW-Fahrzeuge so belassen, wie sie sind*

Koch empfiehlt, selbst die VW-Fahrzeuge mit der illegal bewerteten Abgasvorrichtung so zu belassen, wie sie sind. »Es hat ja Gründe, weshalb die Autos genau so entwickelt wurden, ohne einen Gesetzesverstoß schönreden zu wollen. Ein hochkomplexes technisches System, das über mehrere Jahre getestet wurde, belässt man eigentlich so. Jetzt ist der politische Druck aber so groß, dass man eine Lösung für die NO_2-Emissionen finden muss. Als Techniker sehe ich hier riesige Herausforderungen im Detail.«

Professor Thomas Koch: »Über 10 Prozent der Abgasrückführventile sind bei Euro-5-Fahrzeugen im Feld als Liegenbleiber in manchen Serien ausgefallen, dies betrifft sehr wohl den Schutz von Leib und Leben. Stellen Sie sich einen Ausfall nachts auf der Landstraße vor. Jetzt muss an der Technologiegrenze nochmals bei Euro 5 nachjustiert werden und hierbei die NO_2-Emissionen im Rahmen des Möglichen höher gewichtet werden.« Zudem ist der Austausch des Abgasrückführungsventils eine sehr aufwendige Angelegenheit, weil das meist unzugänglich hinter dem Motor am Auspuff eingebaut ist. Das haben viele Diesel-Besitzer bereits teuer bezahlt.

Aber können Fahrverbote für Euro-5-Fahrzeuge mit neuer AdBlue-Technik denn überhaupt verhindert werden? Thomas Koch meint, das sei theoretisch möglich, wenn genügend Platz unter dem Auto vorhanden sei. »Das ist jedoch keine Plug-and-Play-Lösung. Dies ist ein Prototyp, der zudem durch die Abgasentnahme vor der Turbine des Abgasturboladers intensiv in das Motormanagement eingreift. Sicherheitsrelevante Aspekte sind ebenfalls betroffen, es ist alles in allem ein sehr hoher Entwicklungsaufwand nötig. Eine Aufrüstung wird am Ende weit über 2000 Euro kosten, und es gibt meines Wissens noch keine Laufzeiterprobung. Bis diese Lösungen, die bei vielen Fahrzeugen nicht umsetzbar sind, nachgerüstet werden, sind alle Emissionsmessungen in Deutschland im Zielkorridor.«

29. Immerhin etwas: Stickoxid-Emissionen sind bei Autos mit der Norm Euro 6d gelöst!

Professor Koch: »Das Thema Stickoxid-Emissionen ist technisch gelöst. Die neueste Technologie, die gerade ausgerollt wird, erfüllt alle Grenzwerte. Fahrzeuge werden zwischen 20 und 40 Milligramm – und unter ungünstigen Umständen bis über 80 Milligramm – ausstoßen. Die Diesel-Ingenieure haben ihre Hausaufgaben gemacht. Wir benötigen nun noch etwas Geduld und Ruhe, bis alle Messstationen im grünen Bereich sind. Die Werte werden jedes Jahr deutlich besser.«

30. Was sollen Sie künftig wählen – Benziner oder Diesel?

Bisher war es einfach: Bei mehr als ungefähr 25.000 gefahrenen Kilometern im Jahr lohnte ein Dieselantrieb. Doch Sie sollten sich nicht täuschen lassen: Bisher war der Benzinmotor relativ einfach, aber auch er wird einen Partikelfilter bekommen. Denn die modernen Einspritzmotoren blasen hinten ziemlich viele feine Rußpartikel aus dem Auspuff. Auch das ist eine Folge des CO_2-Wahns. Der Verbrauch soll gesenkt werden, um den CO_2-Ausstoß zu reduzieren. Koste es, was es wolle. In diesem Fall werden deutlich mehr andere schädliche Stoffe mit dem Abgas freigesetzt. Prompt taucht die Forderung nach aufwendiger Abgasreinigung und Partikelfilterung auf. Das ist den Teufel mit dem Beelzebub austreiben.

31. Vorerst Finger weg vom Elektroauto!

Es sei denn, Sie mögen das Gefühl, etwas scheinbar Gutes für die Umwelt zu tun und benötigen das Auto nicht mehr als für Fahrten im Umkreis von 50 bis 100 km, also als Drittwagen. Dann kaufen Sie sich ein Elektroauto, genießen drei- bis viermal die ungeheure Beschleunigung und das sanfte Dahinsurren. Keine Frage: Schlecht ist der Antrieb nicht, es fehlt nur die Energie dazu, und damit die Reichweite und entsprechend die Gebrauchsfähigkeit. Daran wird sich in den nächsten Jahren auch nichts ändern.

32. Keine Angst vor Stickoxiden!

Die Natur liefert uns viel mehr frei Haus. Man schätzt, dass jedes Jahr 20 Millionen Tonnen Stickoxide allein durch Blitze verursacht werden. Es ist ein Reizgas, das erst in deutlich höheren Konzentrationen in den Lungen Reizungen auslösen kann. Für Büroräume wurden einmal 60 µg/m3 Luft festgelegt, für Außenluft 40 µg/m3. Das sind ziemlich willkürlich festgelegte Werte. In der Schweiz gelten 80µg/m3 auf den Straßen und am Arbeitsplatz sogar 6000 µg/m3. Dort werden die Menschen nicht häufiger krank. Am Stuttgarter Neckartor werden als Tageshöchstwerte etwas über 50 µg/m3 gemessen.

33. Seien Sie wachsam und verfolgen Sie kritisch die Diskussion!

Bisher gelten Diesel mit Euro-6-Norm als sauber. Doch bereits jetzt sind die Grundlagen dafür gelegt worden, dass in drei Jahren unsere jetzigen Autos überhaupt nicht mehr fahren dürften. Zum Schutz der Umwelt – natürlich – müssen die Grenzwerte noch weiter herabgesetzt werden.

Dasselbe Spiel deutet sich wieder an: Die EU will ab 2021 neue Verbrauchstests für Pkw und leichte Lkw einführen. Diese Grenzwerte sind so niedrig, dass sie mit Fahrzeugen mit Diesel oder Benzinern nicht mehr erreicht werden können. Nur mit Luft und Liebe lässt sich eben kein Auto mehr antreiben. Auf den Weg gebracht wurde dieser Vorschlag von Deutschland bei der EU. Die Einspruchsfrist bei der EU endete im Frühjahr.

Deutschland hat auf sein Recht des Einspruchs verzichtet. Das bedeutet: In drei Jahren können solche Halsabschneider wie die von der Deutschen Umwelthilfe, wenn es sie dann noch gibt, ihre neuen Klagewellen lostreten. Alles völlig legal, denn es steht ja so in den Vorschriften und Gesetzen.

Was Sie sonst noch wissen müssen

Willkürliche Grenzwerte,
arme Moleküle,
kreative Autobauer
und zweifelhaftes Nachrüsten

Wie wird in unseren Straßen und Innenstädten gemessen? Welche Werte sollen herauskommen?

Immer wieder muss man sich deutlich vor Augen führen, auf welcher Grundlage diese gewaltige Wertvernichtung stattfindet: Das sind einmal die extrem niedrigen Grenzwerte, die willkürlich festgelegt und durch nichts belegt wurden, und zum anderen – vorsichtig ausgedrückt – die wilden Messmethoden. Nicht weiter öffentlich diskutiert wurde, wie die Messstationen zum Beispiel aufgestellt wurden. Lediglich in Stuttgart gab es im Gemeinderat mehrfach Diskussionen um den Standort der Messstelle, die ständig sehr hohe Werte produzierte und dadurch bundesweite Aufmerksamkeit erreichte.

Völlig verblüfft waren wir bei *Tichys Einblick* über die Reaktionen auf unsere Große Leseraktion: Wie manipulieren Messstationen die Umweltbelastung in Ihrer Stadt? Wir bekamen Hunderte von Fotos auf den Tisch oder besser in die Mailbox.

Mithilfe der *TE*-Leser war es möglich, Fotos von vielen Messstationen zu sammeln und mit ihnen zu dokumentieren, wie die ominösen Angaben über schlechte Luft in unseren Städten zustande kommen. Stimmen diese eigentlich? Wie wird gemessen?

Vor allem: Jeder Analytiker weiß, es kommt bei der Messung eines Schadstoffes immer darauf an, wo das Messgerät steht. Es gibt dazu genaue Vorgaben der EU, die noch in nationales Recht umgesetzt werden mussten. Die deutschen Regeln haben die Tendenz, höhere Grenzwerte zu produzieren. So sagt die EU-Richtlinie zum Beispiel, dass der Luftstrom um den Einlass der Messöffnung in einem Umkreis von 270° nicht beeinträchtigt werden darf. Die deutsche Vorschrift macht daraus »Bei Probenahmestellen an der Baufluchtlinie soll die Luft in einem Bogen von mindestens 270 Grad oder 180 Grad frei strömen.«

Eine scheinbar unbedeutende Wortänderung, doch damit eröffnet sich eine Reihe von Messmanipulationsmöglichkeiten. Es ist außerdem keine »Muss«-Vorschrift wie die der EU, sondern eine »Kann«-Vorschrift. Abweichungen sind also erlaubt, Betroffene können nicht so ohne Weiteres klagen. Der Verdacht bestätigte sich an vielen Orten, dass die Messstationen häufig so aufgebaut wurden, dass sie hohe Ergebnisse produzieren. Damit dienen sie als Begründung für Einschränkungen oder gar Fahrverbote.

So schickte uns *TE*-Leser Martin G. aus München Bilder der Messstation an der Landshuter Allee: »Die Station steht unmittelbar am Straßenrand des mittleren Rings in München, direkt vor einer Häuserfassade. Wenige Hundert Meter entfernt befindet sich ein Tunnelausgang, was zur lokalen Schadstoffbelastung beitragen dürfte. Die Station ist also für Fahrverbots-Freunde ziemlich *gut* aufgestellt.«

Auch an Deutschlands »berühmtester« Messstelle Stuttgart Neckartor lässt sich das gut erkennen. Die Messstelle steht in einem Häusereck. Dort haben die Messungen von Ingenieuren des Karlsruher Instituts für Technologie (KIT) gezeigt, dass die Situation nur ein paar Meter von der Messstation entfernt vollkommen anders aussieht. Jürgen Pfeil vom KIT sagte gegenüber der *Welt*: »Unsere Messungen zeigen, dass sich die Stickoxidwerte schon 20 bis 25 Meter von den Straßen weg halbieren.«

Es gab auch stichprobenartige Kontrollmessungen der Behörden in der Umgebung des Neckartors. Ergebnis: Die Stickoxid-Konzentration sind in der angrenzenden Schubartstraße 60 Prozent geringer als die an der Messstelle Neckartor. Der Leiter des Institutes, Thomas Koch, zieht das Fazit: »Vor dem Hintergrund dieser Entwicklung muss man feststellen, dass die prinzipielle Diskussion über den Diesel absolut aus dem Ruder geraten ist und Fahrverbote völlig überzogen sind.«

Wissenschaftler des Institutes für Feuerungs- und Kraftwerkstechnik der Universität Stuttgart hatten sich ebenfalls mit der »räumlichen und zeitlichen Variabilität von NO_2 und Partikeln entlang einer verkehrsreichen Bundesstraße in Stuttgart« befasst. Sie untersuchten auch, wie die Gaskonzentrationen mit jedem Schritt Entfernung von der Messstation abnehmen und ob die Grenzwerte an anderen Streckenabschnitten ebenfalls überschritten werden.

Das Ergebnis überrascht nicht wirklich: Die Luftverunreinigungen nehmen mit Abstand zur Quelle (Straße) sehr schnell ab. Das gilt für NO_2 stärker als für Partikel. Die Aussage des Umweltbundesamtes ist offenkundig falsch: »Stadtbewohner in Deutschland atmen weiter zu viel gefährliches Stickstoffdioxid ein.«

Das bestätigen auch die Messungen ein und desselben Umweltbundesamtes, die regelmäßig veröffentlicht werden. Die Werte für Stickoxide sind in den vergangenen 25 Jahren drastisch nach unten gegangen, ebenso für Feinstaub. Der Wert wurde in den vergangenen 30 Jahren nahezu halbiert; aus einem modernen Dieselfahrzeug nach Euro 6-Norm mit Rußpartikelfilter kommt so gut wie kein Feinstaub mehr heraus. Halbiert wurden ebenfalls die Stickstoffoxidemissionen. Aus den Daten geht ebenfalls hervor, dass zudem der Autoverkehr nur noch einen geringen Anteil an diesen Schadstoffen in den Innenstädten hat.

Stickoxid-Ausstoß (NOx) in der EU nach Quellen

40 — Straßenverkehr

21 — Energiegewinnung und -verteilung

14 — Industrie, Institutionen und Privathaushalte

12 — Industrielle Energienutzung

13 — Andere

Angaben in Prozent

Quelle: Eigene Darstellung, Europäische Umweltagentur, Stand: 2013

Die Einsendungen der Leser zu den Standorten der Messstationen zeigen: Viele der Messstellen sind fragwürdig gewählt. Sichtbar wird: Durch von Häusern und Mauern verengte Straßenräume kommt es in vielen Fällen zu einer Verzerrung der Messungen, die doch im Sinne der Verordnung »repräsentativ« für einen größeren Stadt-Raum und der Belastung für die Einwohner sein sollen. Wer Messstellen unmittelbar an Steigungen oder Ampeln aufstellt, erhält an genau dieser Stelle wegen des notwendigen Abbremsens und Anfahrens Werte, die nicht repräsentativ für eine längere Strecke Straße sind – aber genau das ist erforderlich.

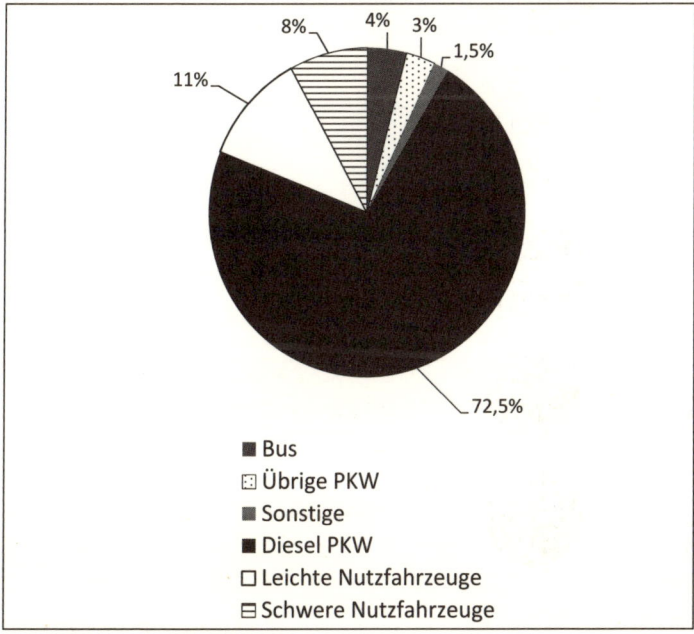

Quelle: Eigene Darstellung, Umwelt Bundesamt, UBA/TREMOD 5.64/HBEFA 3.3

71

Die Aktion findet breite Resonanz in der Politik. *Bild* fährt auch auf Diesel ab und betont »Bild kämpft für den Diesel«. Sogar das Bundesverkehrsministerium stellte die Standorte einzelner Messstationen infrage. »Einige Standorte von Messstellen werden zurzeit kritisch hinterfragt, ob sie überhaupt den europäischen Vorgaben entsprechen«, sagte der Staatssekretär Steffen Bilger (CDU) der *Bild*-Zeitung. »Zumindest für die Zukunft muss gelten: Neue Messstellen sollten objektive Werte ermitteln und nicht die schlechtestmöglichen.« Zugleich stellte Bilger geltende Grenzwerte infrage. »Wenn Grenzwerte unsinnig sind, müssen sie geändert werden. Darüber sollte auf europäischer Ebene diskutiert werden.«

Wir bei *Tichys Einblick* werfen auch einen Blick auf die Messtechnik, deren wesentlicher Bestandteil eine sogenannte Kalibrierung ist. Sie kennen das von Ihrer Waage. Auch sie muss auf null justiert, also neu geeicht werden. Genau das muss auch mit jeder Messstelle geschehen. Um das wirklich exakt zu machen, müsste jede Messstelle in regelmäßigen Abständen mit einer gasdichten Haube überzogen und ein genau bestimmtes Kalibriergas eingeleitet werden. Dann müssten die Parameter für das Chemoluminiszenzverfahren, welches das NO misst, eingestellt werden. Erst dann kommen genaue Werte heraus.

Von uns befragte Fachleute zweifelten daran, dass die teilweise ziemlich verwahrlost aussehenden Messstellen immer wieder korrekt eingestellt werden. Wohlgemerkt, es geht hier um sehr empfindliche Messungen von sehr geringen Bestandteilen von Gasen in der Luft. Da wäre hohe Genauigkeit angebracht.

In diesem Sinne ist mehr als zweifelhaft, ob die Daten in allen Fällen korrekt sind und vor allem Fahrverbote mit weitreichenden wirtschaftlichen Folgen begründen können.

Ist also die Diesel-Sauerei eine fiktive Krise? Wir stellen fest: Die Fahrzeuge wurden mithilfe von Katalysatoren und Partikelfiltern wesentlich sauberer als früher gemacht. Die Luft in unseren Städten, das merken Sie selbst, ist deutlich besser als früher. Worüber reden wir also? Die Frage müsste eher lauten: Wie viel teure und aufwendige Reinigungstechnik benötigen wir noch? Oder besser: Wie viel wollen wir uns leisten? Der Aufwand verschlingt Unsummen. Viele Dieselfahrer haben erhebliche Probleme mit dem Rußfilter oder dem Abgasrückführungsventil. Das sind jedes Mal sehr teure Reparaturen. Der Autoverkehr ist zudem nur etwa zur Hälfte für die Gase in der Luft verantwortlich.

Also: Wie sinnvoll sind die derzeitigen Grenzwerte, wenn die Gesundheitsgefahren durch Autoabgase bewusst aufgebauscht werden, wie beispielsweise Lungenspezialist Dieter Köhler belegt.

Exkurs:
Surreales aus der Kleinstadt

Stadt ohne Auto – geht das überhaupt? Ja, das geht, sagt zumindest Susanne Murer. Sie ist Ortsvorsteherin von Mörsbach, einem Ortsteil von Zweibrücken in Rheinland-Pfalz. Sie wurde bekannt mit ihrem Vorschlag, Einwohner mit Eselkarren chauffieren zu lassen. Nach 18.30 Uhr fahren nämlich keine Busse mehr, dann könnten Eseltaxis Transportdienstleistungen übernehmen. Durch das entspannte Tempo dieses Fortbewegungsmittels könnten die Fahrgäste gleich viel besser die Schönheit des Ortes genießen. Das hat sie übrigens nicht als Aprilscherz gemeint, sondern als ernstzunehmenden Vorschlag zur Lösung von Verkehrsproblemen. Fehlte noch der Tipp, mit dem Pferd zum Supermarkt zu reiten.

Doch eine komplette Innenstadt wie Stuttgart für den Autoverkehr zu sperren – das hätte schon etwas Surreales. Die Wirtschaft käme zum Erliegen, es gäbe keine Lieferdienste mehr, keine Möglichkeit, Waren in die Innenstadt zu liefern. Handwerker für dringende Reparaturarbeiten kämen erst, wenn der Keller nach dem Wasserrohrbruch unter Wasser stünde. Auf die Gerichte wartete viel Arbeit. Fahrverbote wären kalte Enteignung von Autobesitzern und Transportunternehmen. Kuhn & Co. müssen politisch ausbaden, was ihre grünen Kumpels in jahrelanger Lobbyarbeit vor allem in Brüssel angerichtet haben.

Wir können sagen, was wir wollen: Städte ohne Verkehrsmittel wie das Auto funktionieren heute nicht mehr. Nur mit öffentlichen Verkehrsmitteln und Fahrrädern die wesentlichen Transportaufgaben zu erledigen, ist unmöglich.

Aktueller Trend: kleinere Motoren

Der aktuelle Trend der Motorenbauer, um der ganzen Regulierungswut zuvorzukommen: Downsizing. Die Motoren werden kleiner und kleiner gemacht – nach der Regel, dass sie dann weniger Sprit schlucken und auch weniger Abgase ausstoßen. Allerdings führt diese Entwicklung zu immer unsinnigeren Motoren. Unter den Motorhauben unserer Autos sitzen kleine Hightech-Wunderwerke, hochgezüchtet bis an die Grenzen. Immer kleinere Maschinchen leisten immer mehr PS. Zwei Liter Motoren bringen tatsächlich bereits 400 bis 450 PS zustande.

Diese Winzling-Motoren müssen immer mehr die Leistung liefern, die der Autofahrer heute erwartet. Beim Tritt auf das Gaspedal soll sich das Auto, das gegenüber früheren Konstruktionen schwerer geworden ist, spürbar bewegen. Überholvorgänge auf Landstraßen dürfen nicht mangels Motorleistung zu einem Nervenspiel ausarten. Klimaanlage, beheizbare Sitze und elektrische Fensterheber sowie Licht auch am Tage kosten Energie; Kraft, die vom Motor erzeugt werden muss. Daher greifen die Motorenentwickler zu einer Reihe von technischen Tricks. Sie schauten sich ab, was die alten Ingenieure vor und während des Zweiten Weltkrieges getan haben, um aus Flugzeugmotoren noch mehr Leistung herauszuholen – wobei die über die Motörchen von heute vermutlich nur milde lächeln würden.

Zum anderen verkleinerten die Motorenentwickler die Automotoren. Eine durchaus widersinnige Entwicklung, die allein von der CO_2-Hysterie verursacht wurde. Der Hubraum wird erst

immer mehr verkleinert, weil dann eine geringere Kraftstoff-
menge ausreicht, die Zylinder zu befüllen. Weniger Sprit bedeutet dann auch weniger CO_2-Ausstoß. Um die Leistung mindestens aufrechtzuerhalten, wenn nicht gar zu erhöhen, muss die
Turbotechnik herhalten. Ein Turbolader presst zusätzlich Luft
mit dem 1,6-fachen Atmosphärendruck in die Zylinder. Das bedeutet eine effektive Erhöhung des Hubraumes. Ein zwei Liter
Motor hat dann ein effektives Hubraumvolumen von 3,2 Liter –
verbunden mit dem Nachteil einer größeren Anfälligkeit des
Motors. Denn die Materialien und Bauteile der Winzling-Motör-
chen werden natürlich um ein Vielfaches höher belastet als bei
einem größeren Motor. Für Sie wird es wiederum teuer.

Die vorläufige Spitze sind Motoren mit nur noch drei Zylindern.
Nur mit Mühe können Motorenentwickler denen eine einigermaßen akzeptable Laufruhe beibringen. Denn auch da knallt
es im Inneren bei jeder Umdrehung der Kurbelwelle dreimal
sehr heftig und versetzt dem Motor heftige Schläge. Da müssen
drehende Massen sehr sorgfältig ausgeglichen werden, um un-
erwünschte Schwingungen zu verhindern.

Fassen wir zusammen: Die geringeren Verbräuche und Abgase der downgesizten Motoren werden also mit einer deutlich
verringerten Haltbarkeit erkauft. Die kleinen Diesel sind extrem
hochgezüchtet und halten längst nicht mehr so lange wie früher
ein Dieselmotor. Das bedeutet für uns Autofahrer viel Geld für
Reparaturen oder gleich einen neuen Motor.

Und: Unsere Motoren sind im Gemisch meist stark abgema-
gert. Die Menge des Kraftstoffes wurde so weit reduziert, dass
gerade noch die Verbrennung sauber stattfindet. Das reduziert
logischerweise die Menge der Abgase. Damit Ihr Motor dennoch

schnell beschleunigt, wenn Sie beim Überholen oder beim Berg-auffahren auf das Gaspedal treten, spritzt der Motor plötzlich viel Sprit ein. Das Gemisch wird kurzfristig kräftig angereichert, sagt der Konstrukteur, damit die Leistung zur Verfügung steht. Dabei steigen natürlich auch wieder die Abgaswerte. Nun sind aber die Vollgasphasen – das kennen Sie – meist nur kurz. Der »Schaden« für die Umwelt wird sich also in Grenzen halten.

Die Sache wird jedoch noch ein wenig komplizierter. Denn bei diesem Abmagern steigen wiederum die Temperaturen der Verbrennung. Es sind nämlich nicht genügend Tröpfchen an Kraftstoff im Brennraum vorhanden. Die kühlen auch gleichzei-tig. Noch ein Wert steigt daher sehr kräftig an: Unsere Stickoxide werden automatisch mehr.

Die sollen aber nicht aus dem Auspuff rauskommen, weil die uns allen schaden. Angeblich jedenfalls.

Deswegen haben die Umweltbewegten in Behörden und NGOs neue Grenzwerte aufgelegt, die festlegen, dass hierzu-lande beim Dieselmotor nach der europäischen Norm EU 6 nur noch 80 mg NO_x pro Kilometer als Höchstwert aus dem Auspuff kommen dürfen.

Sie werfen Ihren Blick jetzt möglicherweise nach Amerika, fragen sich, wie machen die das mit ihren dicken Autos mit den noch dickeren Motoren? Die verpesten doch die Luft noch mehr. Wenn die dann über unsere Straßen fahren, ist das doch schlimm.

Im Gegenteil: In Amerika gelten teilweise sogar noch stren-gere Grenzwerte mit der Hälfte an erlaubten Stickoxiden. Doch das trifft amerikanische Autofahrer nicht. Denn die langsam dre-henden, großvolumigen Benzinmotoren haben von Haus aus wenig Probleme mit Stickoxiden. Sie blubbern friedlich vor sich hin, haben von Haus aus genügend »Dampf«, sodass sie nicht mit Tricks wie höheren Temperaturen arbeiten müssen und stoßen deshalb deutlich weniger Stickoxide aus.

Noch ein Vorteil: Sie halten wesentlich länger als die empfindlichen downgesizten, mit Turbos aufgeladenen Dieselmotoren bei uns. Die allerdings kauft in Amerika niemand. Das war bisher das Problem von VW.

Amerikanische Autokonstrukteure beherzigen noch den alten Spruch erfahrener Motorenentwickler: Es gibt nichts Besseres als Hubraum ... außer mehr Hubraum.

Gefragt ist also künftig statt des »Downsizings« ein »Rightsizing«, also die für den jeweiligen Zweck richtige passende Motorengröße.

Abgastechnik: die Chemiefabrik unter dem Wagenboden

Wer erinnert sich heute noch an die Zeiten, da die normalen benzingetriebenen Autos nach Benzin stanken, das zudem noch mit Blei versehen war? Wirklich schädliche, halb verbrannte Kohlenwasserstoffe drangen aus dem Auspuff, dazu Kohlenmonoxid und natürlich auch unsere Stickoxide. Auf Oldtimer-Treffen kann man sich gelegentlich einen olfaktorischen Eindruck davon verschaffen, wie alte Autos früher dufteten. Es gab keine bessere Technik, die Autobauer waren froh, überhaupt einigermaßen zuverlässige und bezahlbare Autos auf die Straßen zu bringen.

Auch in Los Angeles stanken die Abgasschwaden zum Himmel. Dort vor allem, weil sie sich aufgrund der geografischen Lage über der Stadt sammelten. In L.A. war auch die Geburtsstunde sauberer Autos. 1956 erhielt ein Franzose ein Patent auf seine Erfindung, einen etwa zwei Liter umfassenden Metall-Behälter in das Abgasrohr einzubauen. In dem befand sich ein Keramikkörper mit vielen, feinen Waben. So vergrößerte er die Oberfläche. Sie ist mit Aluminiumoxid beschichtet, in das Edelmetalle wie Platin, Rhodium oder Palladium eingelagert sind, der eigentliche Katalysator. An dessen Oberfläche reagieren die Abgase, aus Kohlenwasserstoffen und Kohlenmonoxid werden unschädliches Kohlendioxid und Wasser. Aber erst ab Temperaturen von 500 Grad funktioniert dieses System. Heute besteht dieser Katalysator aus eng gewickelten Metallfolien, die schneller warm werden. Der Benzinmotor war sauber.

Die unter heftigem Smog leidenden Kalifornier begannen nun, die weltweit strengsten Umweltgesetze zu erlassen, mit immer weiter sinkenden Grenzwerten. Die Technik funktioniert heute problemlos und sorgt für saubere Luft in den Innenstädten. Im Prinzip arbeiten heute alle Katalysatoren in unseren Autos so. Wie bei allen Dingen gibt es dabei auch eine zweite Seite. Der Gehalt an hauchfeinen Platinteilchen in unseren Innenstädten ist gestiegen. Diese lösen sich von den Innenwänden der Katalysatoren und werden mit den Abgasen nach außen gepustet.

Jetzt ist der Dieselmotor an der Reihe. Der stank früher und blies jede Menge Partikel aus seinem Auspuff. Die wurden bereits 1989 mithilfe von gesetzlichen Grenzwerten beschränkt. Die Masse der Partikel durfte einen bestimmten Mindestwert nicht mehr überschreiten, sonst bekam das neue Modell keine Zulassung.

Mittlerweile ist aus der Aufgabe »Reinigung der Abgase« eine komplette kleine Chemiefabrik geworden, die unter dem Wagenboden Ihres Autos eingebaut wurde. Da finden die unterschiedlichsten chemischen Reaktionen statt, bei denen auch das gefährliche Ammoniak als Reaktionspartner benutzt wird. Das Schöne: Sie merken davon nichts, hinten aus dem Auspuff kommt praktisch kein Feinstaub mehr heraus, wenige Stickoxide, nur natürlich CO_2. Sie können also guten Umweltgewissens, so Sie denn eines haben, mit einem modernen Dieselantrieb durch die Landschaft fahren. Nur wenn ein Schaden an der komplizierten Fabrik auftritt, wird es teuer für Sie.

Und da war dann noch: das merkwürdige Thermofenster

Wir kennen das: Die richtige Temperatur ist wichtig. Kartoffeln kochen erst bei nahezu 100°, in den Eiern gerinnt das Eiweiß erst bei Temperaturen über 70°, Spaghetti benötigen auch fast 100° heißes Wasser, um weich zu werden. Dahinter verbergen sich auch chemische Reaktionen, die haben alle in der Regel eines gemein: Sie funktionieren nur bei bestimmten Temperaturen, in der Regel bei höheren Temperaturen umso besser.

Genau das Gleiche gilt für die teure Chemiefabrik, die mittlerweile in die Autos eingebaut wurde. Teuer deswegen, weil hier auch wertvolle Rohstoffe verwendet wurden. Ein Merkmal von Industrieanlagen zum Beispiel in der chemischen Industrie ist die möglichst genaue Kontrolle der Temperaturen. In den Leitwarten zählen Temperaturanzeigen neben Druckanzeigen zu den wichtigsten Kenngrößen über den Betriebszustand der Anlage. Möglichst gleichmäßige Temperaturen, bei denen die chemischen Reaktionen optimal ablaufen, zählen zu den obersten Zielen der Anlagenplaner.

Bei der Chemiefabrik im Auto ist das naturgemäß deutlich schwieriger. Das Auto steht in einer kalten Winternacht im Freien, soll tiefgekühlt am Morgen starten, und möglichst schnell soll der Katalysator funktionieren und beim Diesel etwa Stickoxide und Rußpartikel aus den Abgasen filtern. Eine eigene Heizungsanlage hat verhindert, dass die AdBlue-Flüssigkeit über Nacht eingefroren ist. Vorher wurden noch AdBlue-Reste aus den Leitungen zurück in den warmen Tank gesaugt, sodass sie nicht wie Wasserleitungen im Frost einfrieren und platzen.

Doch der Katalysator beim Diesel braucht eine Temperatur von 600° Celsius, erst dann reagiert das Ammoniak mit den Stickoxiden aus den Abgasen und wandelt sie in Kohlendioxid und Wasser um. Aber der Diesel ist ein relativ kalter Geselle im Vergleich zum Ottomotor. Seine Abgase sind recht kühl, und nur bei strammer Autobahnfahrt kann sich der Katalysator auf 600° erhitzen. Im normalen Stadtverkehr kommt er nur auf 200 bis 400°, das reicht nicht für die chemische Reaktion.

Um Katalysatoren zu schützen, müssen Hersteller die Abgasreinigung von Stickoxiden unter bestimmten Temperaturen abschalten. Das ist von Hersteller zu Hersteller unterschiedlich und hängt von der jeweils verwendeten Technik ab.

Um die neuesten Grenzwerte einhalten zu können, werden die Katalysatoren sogar elektrisch beheizt. So werden sie deutlich schneller heiß und können arbeiten. Denn in den ersten Minuten nach dem Kaltstart stoßen die Dieselmotoren noch ziemlich ungefiltert ihre Stickoxide aus; überwiegend in dieser kurzen Zeitspanne werden die meisten Stickoxide ausgestoßen. Teilweise bis zu 3000 Watt Leistung liegen an der Katalysatorheizung an, das sind immerhin rund 4 PS, die der Motor liefern muß. So kostet diese Heizung wieder Energie in Form von Sprit, und steigt damit auch wieder der CO_2-Ausstoß. Ein Teufelskreis.

Ein Kapitel Chemie: geheimnisvolles AdBlue

Fahren Sie einen neuen Diesel, müssen Sie in regelmäßigen Abständen eine blaue Flüssigkeit nachtanken. An den Tankstellen können Sie diese kaufen. Diese wässrige Lösung mit Harnstoff ist berühmt geworden. Handelsname: AdBlue. Die Markenschutzrechte an dem Namen hält der Verband der Automobilindustrie e.V. (VDA). Das Wasser-Harnstoff-Gemisch wird in der internationalen Norm ISO 22241 (vergleichbar mit der deutschen Norm DIN 70070) als AUS (Aqueous Urea Solution) 32 bezeichnet und ist in Südamerika auch unter dem Kürzel Arla 32 bekannt. In Nordamerika wird die Harnstofflösung unter dem Namen Diesel Exhaust Fluid (DEF) verkauft.

Sie besteht zu 32,5 Prozent aus reinem Harnstoff und demineralisiertem Wasser, ist eine farb- und geruchlose sowie ungiftige Substanz. Der Hautkontakt mit der Flüssigkeit, die nicht zu den Gefahrstoffen zählt, sollte grundsätzlich vermieden werden, ist aber ungefährlich.

Dieses Wasser-Harnstoff-Gemisch wird dazu eingesetzt, um die Stickoxidemissionen (NO_X) von Dieselmotoren in Fahrzeugen zu verringern. Der Harnstoff ist allerdings nur ein Vorstadium, aus dem in einer ersten chemischen Reaktion, einer Hydrolyse, Ammoniak gemacht wird. Lieferant für die notwendige Energie sind die heißen Auspuffgase. Das entstandene Ammoniak spaltet dann Stickstoffmonoxid und -dioxid in Wasserdampf und Stickstoff auf.

AdBlue ist also nur die Vorstufe für Ammoniak, das nicht direkt verwendet werden kann, weil es für den Transport und die

Lagerung in einem eigenen kleinen Autotank zu gefährlich ist und außerdem bestialisch stinkt.

Das Motorsteuergerät regelt das AdBlue-Dosiersystem, dessen Herzstück ein Injektor ist. Der Injektor muss viel können: Er muss den heißen Abgasen widerstehen sowie der ziemlich aggressiven und korrosiven AdBlue-Flüssigkeit. Entscheidend für den Ablauf der chemischen Reaktionen sind die Größe der Tröpfchen und die möglichst feine Verteilung der Flüssigkeit in die sehr schnell strömenden Abgase. Je besser die Zerstäubung und je kleiner die AdBlue-Tröpfchen sind, desto vollständiger kann der Harnstoff durch die Hitze der Abgase in Ammoniak umgewandelt werden. Das ist wichtig für die anschließende Reaktion im Katalysator.

Mit dieser Technik können jedenfalls die Stickoxidemissionen um bis zu 80, 90 Prozent reduziert werden. Der Verbrauch von AdBlue beträgt dabei zwischen 2 und 8 Prozent des Dieselkraftstoffverbrauchs. Der Verband der Automobilbauer (VDA) gibt ihn mit durchschnittlich circa 1,5 Liter pro 1000 Kilometer an.

Der VDA hat in einer Studie ermittelt, dass in Europa ab 2020 insgesamt rund 20 Millionen Dieselfahrzeuge mit der AdBlue-Technik unterwegs sein werden. Daher werden derzeit europaweit an Tankstellen AdBlue-Zapfsäulen für PKW aufgebaut. Rund 150 Hersteller produzieren derzeit die Harnstoff-Lösung, sodass sie nahezu überall verfügbar ist. Ein lohnendes Geschäft.

In Brunsbüttel hat Anfang des Jahres 2018 der norwegische Düngemittelhersteller Yara die weltweit größte AdBlue-Anlage in Betrieb genommen. Das Werk ist eine von fünf Yara-Produktionsstätten in der Welt. Eine große Produktionsanlage für Ammoniak und Harnstoff befand sich bereits in Brunsbüttel am

Hafen, zu dem auch ein Tiefwasser-Hafen gehört, mitsamt vollautomatischer Verladeanlage für Lastwagen. Da passte die Ad-Blue-Anlage, die 1,1 Millionen Tonnen pro Jahr ausstößt, dazu. Nur mal zur Einordnung: Damit können die gesamten Emissions-Mengen an Stickoxiden im Güterverkehr in Deutschland, Österreich und der Schweiz pro Jahr behandelt werden.

Lastwagen benutzen die SCR-Technik schon länger, um ihre Abgase sauber zu bekommen und die Euro 4 und 5 Normen zu erfüllen. Beim LKW ist es allerdings auch leichter, eine solche Technik einzubauen. Es ist meist genügend Platz für die Anlagen vorhanden, und die Kosten spielen im Vergleich zu den Gesamtkosten eines LKWs eine geringere Rolle als beim PKW.

Das Problem für den Einbau einer solchen Anlage ist im PKW der mangelnde Raum. So kochte die Gerüchteküche über, als bekannt wurde, dass zum Beispiel Opel, VW und Skoda relativ kleine Adblue-Tanks einbauen. Schalten diese Hersteller die Abgasreinigung also besonders häufig ab? Es gibt jedoch eine Reihe von technischen Besonderheiten.

Denn AdBlue gefriert bei Temperaturen unter minus 11 Grad Celsius. Für die Autokonstrukteure bedeutet das, eine zusätzliche Heizung einzubauen. Der Tank wird meist mit Heizmatten bei winterlichen Frosttemperaturen warm gehalten. Das kostet natürlich Strom und damit auch Kraftstoff. Die Zusatztanks sind meist hinten beim Kofferraum oder in die Mulde des Reserverades eingebaut. Eine elektrische Pumpe treibt die Flüssigkeit durch eine Leitung nach vorn. Wenn die Zündung ausgeschaltet wird, befördert das System die Reste der Flüssigkeit in der Leitung wieder zurück in den Tank. So können die Leitung und das Einspritzventil, das die Lösung in den Abgasstrang einspritzt, nicht zufrieren. Ziemlich viel zusätzlicher Aufwand also.

Die Tanks sind also für jedes Auto unterschiedlich produzierte Kunststoffteile mit Sensoren, Temperaturfühlern und Einlass- sowie Auslassventilen.

Die Tanks müssen auch dafür sorgen, dass die Flüssigkeit einigermaßen vor Veränderungen geschützt ist. Steht das Auto in größerer Hitze, droht das AdBlue unbrauchbar zu werden. AdBlue zersetzt sich auch bei normalen Temperaturen im Laufe der Zeit. Die Hersteller garantieren eine Mindestlebensdauer von sechs bis zwölf Monaten. Wer sein Auto also einige Zeit stehen lässt, muss sich auch um den Zusatzstoff kümmern. Der Stoff zählt zur (niedrigsten) Wassergefährdungsklasse 1, sodass eine Lagerung in Auffangwannen gefordert wird. Über die Neutralisierung der Stickoxide hinaus vermindert die Verwendung von AdBlue übrigens den Feinstaub-Ausstoß und den Kraftstoff-Verbrauch um circa 5 Prozent.

Wenn der gesamte AdBlue-Vorrat verbraucht wurde und der Tank leer ist, dürfen Sie auf keinen Fall weiterfahren. Der Katalysator verstopft und wird irreparabel zerstört. Das wird teuer. Also: Beim Erscheinen der Anzeige »AdBlue nachfüllen« unbedingt nachtanken! In der Regel lässt sich der Diesel-Motor ohne AdBlue nicht mehr starten. Bei einigen Fahrzeugen funktioniert zumindest noch der Notlaufbetrieb.

Zwar könnte ein Dieselfahrzeug rein technisch gesehen auch ohne AdBlue noch weiterfahren – wenn auch mit stark erhöhten Stickoxid-Emissionen und Gefahren für den Katalysator. Der Gesetzgeber hat jedoch den Einbau einer Art Wegfahrsperre angeordnet, die bei fehlendem AdBlue aktiviert wird. Wenn der Dieselmotor nicht mehr läuft, weil der AdBlue-Tank leer ist, bedanken Sie sich bei den Grünen.

Die Automobilkonstrukteure wollen überdies nicht, dass jeder Wagen zu viel Gewicht mitschleppt. Das bedeutet immer

Mehrverbrauch von Kraftstoff. Denn auch der zusätzliche Tank mit AdBlue spielt in dieser Rechnung eine Rolle. AdBlue wiegt 1,100 Kilogramm pro Liter. Man fährt also 10, 15 Kilogramm der Flüssigkeit plus das Gewicht des Tanks spazieren. Das ist relativ viel, wenn man sich vor Augen hält, welche Mühe die Ingenieure auf Gewichtseinsparung verwenden.

Wie oft der Zusatzstoff nachgefüllt werden muss, hängt vor allem von der Fahrweise ab. Ein Liter AdBlue pro 1000 Kilometer ist relativ wenig und dürfte nur bei langsamer Fahrt erreicht werden. Realistischer sind 1,5 Liter oder bei schneller Autobahnfahrt noch mehr.

Fahren Sie mit einem recht bleiernen Fuß auf dem Gaspedal, steigt der Verbrauch von Kraftstoff, klar, damit auch direkt der Ausstoß von Kohlendioxid. Es besteht eine lineare Verbindung. Je mehr Benzin oder Diesel verbraucht wird, desto mehr CO_2 kommt aus dem Auspuff.

Anders dagegen bei AdBlue. Der Ausstoß von Stickstoffoxiden hängt wesentlich von der Art der Verbrennung ab. Je höher die Temperaturen im Brennraum, desto mehr Stickoxide entstehen und desto mehr AdBlue muss in den Katalysator eingespritzt werden. Ebenso spielt der Luftüberschuss eine wichtige Rolle. Das ist besonders beim Dieselmotor der Fall, der bekanntlich mit sehr viel mehr Luft zündet, die dazu noch von Turboladern mit Druck in den Brennraum gepresst wird.

Es hängt nicht mit übertriebener Sparsamkeit der Hersteller zusammen, wenn sie einfach mehr AdBlue hinzugeben lassen, nach dem Motto: Mehr ist besser für die Abgasreinigung. Zu viel AdBlue darf auf keinen Fall eingespritzt werden. Sonst würde es hinten aus dem Auspuff bestialisch nach Ammoniak stinken.

Entscheidend – und das macht die Sache noch komplizierter: Der gesamte Prozess funktioniert nur in einem bestimmten Temperaturbereich. Der Katalysator muss heiß sein. Wird er wie auf kurzen Strecken im städtischen Verkehr häufig nicht heiß genug, kann der SCR-Katalysator verstopfen. Wenn die Abgase noch nicht heiß genug sind, darf auch kein AdBlue eingespritzt werden. Eine sehr komplizierte Angelegenheit also, die die Entwickler in den Autofirmen am Anfang nicht unter Kontrolle bekommen haben.

Doch mittlerweile haben es die Ingenieure geschafft, diese Technik zu verkleinern und unter den extrem wechselnden Verhältnissen im Automobil funktionsfähig zu machen. Das bedeutete viel Entwicklungsarbeit, viel Aufwand für weniger Stickoxide und hohe Kosten für den Autofahrer. Denn mit jeder zusätzlichen Technik und jedem Liter AdBlue steigen die Betriebskosten. Und wehe, an der komplizierten Technik geht etwas kaputt. Dann wird es wieder teuer.

Klar ist auch, dass solche Motoren sehr viele Werte von Öl- und Wassertemperatur über Druckverhältnisse bis hin natürlich zu Drehzahlen messen und der Steuercomputer entsprechend regelt. Ohne Software läuft also überhaupt kein Motor mehr, höchstens in einem Notmodus, wenn die Elektronik ausfällt. Sie kann also gar nicht abgeschaltet werden.

Der ominöse Prüfzyklus NEFZ

Sie wissen vermutlich durch die einschlägigen Presseorgane, dass bei den Abgasmessungen gelogen wird, dass die Schwarte kracht. Nichts von dem, was die bösen Autohersteller uns weismachen wollen, sei wahr, heißt es. Der Verbrauch ist doch viel höher, als immer angegeben wird. Das stimmt zum Teil; die Autohersteller tun viel dafür, mit möglichst niedrigem Verbrauch für ihre Modelle zu werben. Wie immer gibt es auch hier das große »Aber«. Sie haben nur dann etwas von diesem Wert, wenn Sie ihn mit dem anderer Autos vergleichen können. Ansonsten sagt er Ihnen nicht viel.

Doch das ist so einfach nicht. Um Abgase messen und auch herstellerübergreifend miteinander vergleichen zu können, muss man erst einmal definieren, was wie gemessen werden soll. Denn das kennen wir: »Wir sind neulich nur mit sechs Litern auf 100 Kilometer ausgekommen!« Ein anderes Mal sind es wieder mehr. Der eine Fahrer benötigt zwölf Liter auf 100 Kilometer, der andere dagegen bewegt sein Fahrzeug so, dass er mit acht Litern oder weniger auskommt. Alte Regel: Im Gasfuß des Autofahrers steckt das größte Sparpotenzial; da können sich die Motoreningenieure noch so sehr anstrengen. Es kommen aber noch viele weitere Faktoren dazu: Witterung, vor allem Temperaturen, und es gibt noch einen nicht zu unterschätzenden Faktor: Auf welcher Höhe fahren Sie gerade? Auf Meereshöhe, im Gebirge? Der Luftdruck unterscheidet sich deutlich; in der Höhe ist weniger Luft vorhanden, der Motor darf nicht so viel Sprit bekommen wie drunten im Tal.

Das bedeutet wiederum: Vergleichbare Bedingungen für Verbrauchsmessungen sind schwer zu bewerkstelligen. Deshalb haben sich Motorenbauer und Behörden auf einen für alle verbindlichen Prüfzyklus geeinigt, den die Autos auf einem sogenannten Rollenprüfstand im Labor fahren. Dabei ist sogar die Temperatur der Luft exakt festgelegt. Schnelle Autobahnfahrten können dort vor allem aus Hitzegründen praktisch nicht simuliert werden. Immerhin werden ja drei Viertel der Energie als Wärmeenergie beim Motor über den Kühler nach außen geleitet.

Entscheidend: Es sollten vergleichbare Bedingungen geschaffen werden, damit Autos auch verschiedener Hersteller in ihrem Abgasverhalten gemessen werden können. Auf Rollenprüfständen wird der Wagen mit verschiedenen Belastungen gefahren, ein kurzes Stück, das Stadtfahrten simulieren soll, mit wechselnden Beschleunigungen, relativ gleichmäßigen Fahrten über Landstraßen und Autobahnen. Wie diese Beschleunigungs- und Abbremsmanöver ablaufen sollten, wurde 1992 im NEFZ festgelegt, im Neuen Europäischen Fahrzyklus. Für Messungen des Spritverbrauchs war dieser Test ursprünglich nicht entwickelt worden. Dass diese künstlichen Zyklen im Labor nicht viel mit alltäglichen Fahrten zu tun haben, liegt auf der Hand und weiß jeder Beteiligte.

Die Grenzwerte sind natürlich wiederum ein Kompromiss. Man könnte auch Kuhhandel sagen. Aber Normen sind immer Industriepolitik. Wer das Auto politisch kaputtmachen will, kann das prima über die Gestaltung von Normen tun. Er sollte allerdings nicht vergessen, dass die Autoindustrie immer noch eine der Schlüsselindustrien ist, in der das Geld verdient wird, das hier so bereitwillig verpulvert wird. Nur befindet sich diese Industrie seit langem nicht mehr auf dem aufsteigenden Ast.

Bis vor kurzem war es überhaupt nicht möglich, Abgas im fahrenden Auto im Straßenverkehr zu messen. Dazu musste die gesamte Messanalytik, die früher ganze Schrankwände an Platz benötigte, verkleinert und in den Kofferraum eingebaut werden. Das hat einigermaßen geklappt. Damit ist aber noch überhaupt nichts gewonnen, denn jetzt kommt es darauf an, wie, wo und welche Strecken bei welchen Witterungsbedingungen gefahren werden. Zur Vergleichbarkeit von Autos sagt dieser Test nichts aus.

Das soll der neue WLTP leisten. Seit dem 1. September 2017 gilt dieses neue Testverfahren. Bei diesem Test wird ein neues Fahrprofil auf Prüfständen gefahren, das näher an der Realität auf heutigen Straßen ist, als das beim alten Test der Fall war. Dafür wurden aus weltweit 14 Ländern Daten von Fahrten über 750.000 Kilometern gesammelt und zu einem Prüfprogramm aufbereitet, das realistischer als bisher vorschreibt, wie viele Sekunden auf welche Geschwindigkeit beschleunigt und wie stark abgebremst werden soll und das die durchschnittlichen Stillstandszeiten vor Ampeln regelt.

Die Fahrzeuge werden sogar mit genormten Kraftstoffen betankt, damit sie möglichst unter vergleichbaren Bedingungen getestet werden können. Wenn Sie ein Auto kaufen wollen, sollen Sie damit eine bessere Vergleichsmöglichkeit zur Hand haben, um wie viel sich der Spritverbrauch der einzelnen Autos unterscheidet. Das sagt natürlich überhaupt nichts darüber aus, wie viel Sprit Sie für eine Strecke benötigen, wenn Sie sich ein besonders sparsames Modell gekauft haben und mit Bleifuß fahren.

Alle Autohändler müssen Ihnen demnächst die nach den neuen Verfahren ermittelten Verbrauchswerte zeigen. Festgelegt ist das in einer »Energieverbrauchskennzeichnungsverordnung«. Aber Hand aufs Herz: Haben Sie schon einmal vor dem Kauf eines Autos genauer auf die verschiedenen Verbrauchsangaben und vor allem auf den Ausstoß von CO_2 geachtet? Da sind Sie nicht allein, das tut fast keiner. Zu Recht, denn der Kampf um weniger CO_2 hat schon etwas Surreales. Immerhin ist das eines der wichtigsten Moleküle.

CO_2: das arme Molekül

Da ist das Molekül, das für alles Übel der Welt verantwortlich gemacht wird: CO_2 – Kohlendioxid. Das entsteht bei jeder Verbrennung, es geht nicht anders.

Kohlendioxid ist der wichtigste Grundbaustein für Bäume, Pflanzen und Gräser. Doch ist es in Verruf geraten, wird von allen Seiten beschimpft und für das Übel der Welt verantwortlich gemacht. Es dürfte kein anderes Molekül geben, bei dem sich selbst gestandene Wissenschaftler zwanghaft verpflichtet sehen, wie Roboter das CO_2 als Hauptschuldigen der vom »Menschen gemachten« Erderwärmung als wahres Teufelswerkzeug auszumachen. Man findet es kaum in der Erdatmosphäre. Kein Wunder, es ist ein Spurengas, also nur in winzigen Spuren vorhanden.

Stellen Sie sich eine Million weiße Tischtennisbälle vor – darunter gerade einmal 400 rote. Das sind die berühmten 400 ppm CO_2-Gehalt in der Luft, die zurzeit die Erde ins Kippen bringen sollen, glaubt man den Klima-Alarmisten.

Oder anders ausgedrückt: 0,04 Prozent schweben in der Luft. Darum ein solcher Wirbel? Sollte deshalb ein Land in den wirtschaftlichen Abgrund geführt werden?

Was soll das grüne Blatt sagen? Der Baum? All die Pflanzen? Die benötigen Kohlenstoff dringend als Baustoff für ihre Äste, ihre Stämme und Blätter. Ohne CO_2 könnten sie nicht existieren. Diesen lebenswichtigen Stoff holen sie sich aus dem bösen CO_2 in einer äußerst trickreichen Reaktion aus der Luft. Photosynthese – davon hat wohl jeder schon einmal gehört; das ist der bedeutendste und wohl älteste chemische Prozess auf der Erde.

Ohne ihn gäbe es kein Leben, gäbe es uns Menschen nicht. Nur mit dieser Reaktion kann die Energie der Sonne umgewandelt, können Wälder, Sträucher und Pflanzen aufgebaut werden.

Das Verblüffende: Dieser Prozess funktioniert auch in den Meeren bei den grünen Algen. Auch sie produzieren Sauerstoff. Gleichzeitig kann das Meer ungeheure Mengen an Kohlendioxid aufnehmen. Je mehr in der Luft ist, desto mehr nimmt das Wasser der Ozeane auf.

Wie von Wunderhand geführt, fügen sich dabei Kohlendioxidmoleküle mit Wasserstoffmolekülen zusammen. Die Energie des Lichtes ist die treibende Kraft für diese Reaktion. Sie findet in einer trickreich aufgebauten chemischen Fabrik statt, den Chloroplasten. Zuständig für die Aufnahme von Sonnenlicht ist der Farbstoff Chlorophyll. Der ist grün, daher sind auch die Blätter grün. Es entstehen Stärke und Sauerstoff. Den Sauerstoff stößt das grüne Blatt als Abfallprodukt aus.

Für uns wiederum ist das ein ungeheuer nutzbringender Effekt und die einzige Möglichkeit der Natur, Sauerstoff zu produzieren. Ohne Baum, Blatt und Gras gibt es kein Leben. Doch die Pflanze hat dabei eigentlich etwas anderes vor, als uns mit Sauerstoff zu versorgen: Sie will wachsen. Deswegen benutzt sie die Energie in einer zweiten Reaktion, der sogenannten Dunkelreaktion, dazu, energiereiche organische Verbindungen aufzubauen. Es sind vor allem Glucose und Aminosäuren.

Die Photosynthese ist also der grundlegende Prozess, von dem alles Leben auf der Erde abhängt. Nur durch die Photosynthese kann die Energie des Sonnenlichts in chemisch gebundene Energie umgewandelt werden. Die Photosynthese produziert die energiereichen Stoffe für den Stoffwechsel der Pflanzen und stellt gleichzeitig den Sauerstoff bereit.

Photosynthese benötigt dringend CO_2 als Rohstoff. Das Molekül, das bei jeder Verbrennung entsteht. Auch wir atmen CO_2 aus. Ohne diesen wesentlichen Baustein geht nichts.

Doch dieses Spurengas soll jetzt angeblich unsere Welt gefährden. Und da man – wie bei jeder Religion – alles immer nur oft genug wiederholen muss, damit die Menschen es glauben, dröhnt seit Jahren der immer gleiche Unsinn über alle Kommunikationskanäle unseres schönen Planeten. Mittlerweile kann jede mittelmäßig begabte grüne Hauptschullehrerin den CO_2-Antiterror schüren. Wie tibetanische Gebetsmühlen leiern mittlerweile Dreijährige runter: »CO_2 wollen wir weghaben!« Greenpeace & Co haben schon früh entdeckt, dass man mit dem CO_2-Alarm viel mehr verdienen kann als mit doofen Eisbären, die langweilig über die letzten Eisschollen tappen. Die sind abgeschrieben, ebenso wie Wale, die für einen Alarmkonzern auch kein lohnendes Geschäftsmodell mehr sind.

CO_2 ist viel besser. Das sieht keiner, weiß keiner, riecht keiner. Man kann einen ungeheuren Popanz um das arme Molekül aufbauen. Man kann sogar Kredite erfinden, Kohlenstoffkredite. Die sind noch viel besser als die gewagten Konstruktionen, mit denen Finanzakrobaten mal eben das Weltwirtschaftssystem aufs Kreuz legen. Finanzhaie allerdings sind böse, Klimakreditjongleure gut. Die wollen uns vor dem Weltuntergang bewahren. Die haben nicht zu befürchten, an den gesellschaftlichen Pranger gestellt zu werden.

Doch ein kleiner Blick in die Klimageschichte genügt: Der Gehalt an Kohlendioxid in der Atmosphäre schwankte im Verlauf der Erdgeschichte beträchtlich. Es gab Zeiten, in denen der Anteil sogar 6000 ppm betrug – also drastisch höher als die »gefährlichen« 400 ppm. Und: Je höher der CO_2-Gehalt, desto stärker ist das Wachstum der grünen Pflanzen. Folge: Die grüne Blattmasse auf der Erde entwickelte sich prächtig.

Auch im Augenblick wird unser blauer Planet Erde wieder grüner. Denn der CO_2-Gehalt steigt seit 150 Jahren leicht an. Satellitenbilder zeigen mehr grüne Flächen. Die Ernten werden besser.

Dazu ein kleiner Geheimtipp aus dem Gewächshaus einer Gärtnerei. Wenn der Gärtner seine Pflanzen schneller wachsen lassen will, erhöht er den Gehalt an Kohlendioxid in seinem Gewächshaus. Die Pflanzen freuen sich über die Rohstoffe und werden deutlich schneller Blattmasse bilden und besser wachsen.

Das funktioniert auch im Aquarium, wie jeder Aquarianer weiß. Darin befinden sich häufig Wasserpflanzen. Wird ein wenig CO_2 dazugegeben, gedeihen fortan auch diese Pflanzen prächtig.

Also: Warum, verdammt noch mal, soll das Zeugs unbedingt weg?

Es soll den Untergang der Welt hervorrufen, heißt es – doch die Welt ist genau darauf aufgebaut. Zumindest die organische Welt, also die Welt, aus der alle Lebewesen bestehen. Das CO_2 ist auch nicht für eine wie auch immer geartete Erwärmung der Erde verantwortlich. In der Erdgeschichte schwankten nicht nur der Gehalt an CO_2, sondern auch die Temperaturen. Und – das ist wichtig – unabhängig voneinander.

Entscheidend ist: Es gibt keine Korrelation zwischen Temperatur und CO_2-Gehalt. Die Erde war vor etwa 450 Millionen Jahren schon einmal total vereist mit sehr hohen CO_2-Werten. Umgekehrt gab es niedrige CO_2-Werte bei wesentlich höheren Temperaturen als heute – vor etwa 90 Millionen Jahren.

Was wir seit ungefähr 1750, also seit Beginn der Industrialisierung, an Klimaschwankungen erlebt haben, liegt meilenweit innerhalb des natürlichen Schwankungsbereichs des Klimas, wie wir ihn aus den Zeiten davor kennen. Vor der Industrialisierung gab es weitaus heftigere Klimaausschläge als danach.

Dieses Märchen des Menschen als Klimaschädling, der mit seinen zu hohen CO_2-Produktionen die Erde erwärmt, ist aber die Grundlage dafür, dass es für Sie teuer wird. Der Diesel soll weg und natürlich auch der Ottomotor. Denn der ist als Nächstes dran. Das Kohlendioxid wurde zum Luft-Schadstoff Nummer eins erklärt, den es zu vermindern gelte – koste es, was es wolle.

Eine solche politische Festlegung hat natürlich weitreichende Folgen. Und gerade in der Konstruktion von Autos und Motoren bedeutet das Drehen an einer Stellschraube für einen bestimmten Wert, dass an anderer Stelle Werte steigen.

Genauso verhält es sich mit dem CO_2-Ausstoß der Motoren. Er ist in einem festen Verhältnis an den Verbrauch von Treibstoff gekoppelt. Es besteht ein direkter Zusammenhang zwischen Kraftstoffverbrauch und CO_2-Ausstoß. Beim Diesel beträgt der CO_2-Anteil im Abgas 2,65 kg je Liter, beim Benzin 2,37 kg je Liter.

Die grüne EU hat aktuell einen CO_2-Grenzwert von 95 g/km vorgegeben, den Autos ab 2020 einhalten sollen. Der bedeutet umgerechnet: Autos dürfen dann nur noch 3,8 l/100 km verbrauchen. Spätestens jetzt dürfte jeder erkennen, dass die Vorgabe für zum Beispiel eine geräumige Familienkutsche ziemlich utopisch ist.

Ein realistisches Auto von heute, das um die 7 l/100 km verbraucht, emittiert etwa 175 g/km CO_2. Abgesehen davon ist es ziemlich dämlich, CO_2 als alleinige Kenngröße zu wählen, aber es ist dem populistischen Umweltgeschwätz geschuldet.

Wenn jetzt die Motorenentwickler mit aller Gewalt versuchen, den CO_2-Ausstoß zu reduzieren, also den Verbrauch zu senken, geht das zwangsläufig zulasten einer anderen Größe. Sie müssen nämlich unter anderem die Temperaturen im Brennraum erhöhen, diese höheren Temperaturen liefern die Energie für eine chemische Reaktion zwischen Stickstoff und Sauerstoff. Folge: Dann steigen nämlich die Stickoxide an. Der Kreislauf geht von vorn los.

Der Stickstoff und seine Liebe zum Sauerstoff

Ein ZDF-Redakteur wird damit zitiert, er habe versucht, sich in das Thema Stickoxid einzulesen. Nach drei Zeilen habe er wieder gewusst, warum er in der Schule Chemie abgewählt habe. Auch wenn die Anekdote nicht stimmen sollte, vorstellbar ist sie schon und wirft ein bezeichnendes Licht auf das Wissen derjenigen, die uns täglich drohend die Katastrophen auf den Fernsehbildschirm malen, die angeblich vom Diesel ausgehen.

Sauerstoff ist mit Sicherheit jedem ein Begriff. Der reagiert sehr leicht, wie das bei jedem Feuer der Fall ist oder auch im Brennraum des Diesels. Die Verbindungen des Sauerstoffs nennt man Oxide. Wie bei jenen Legosteinen, mit denen wir früher gespielt haben, kommt es darauf an, wie sie miteinander zusammengesteckt sind. Das ergibt unterschiedliche Eigenschaften des Gebildes. Und, um im Bild zu bleiben, das Zusammenstecken der Steine kostet Kraft, also Energie. Die liefert bei unseren Molekülen die Hitze.

Stickoxide oder Stickstoffoxide bezeichnen also die unterschiedlichen Arten der gasförmigen Oxide des Stickstoffs, dem Stickstoffmonoxid NO und dem Stickstoffdioxid NO_2. Da es aufgrund der vielen Oxidationsstufen des Stickstoffs mehrere Stickstoff-Sauerstoff-Verbindungen gibt, werden sie auch mit NO_x abgekürzt.

Stickoxide entstehen grundsätzlich bei allen Verbrennungsvorgängen, bei denen fossile oder regenerative Brennstoffe verbrannt werden, also in der Heizung bei Ihnen zu Hause, am

Holzfeuer, im Automotor. Wenn Sie die weg haben wollen, müssen Sie eben frieren.

Je höher die Temperaturen bei der chemischen Reaktion, desto unterschiedlicher sind die Produkte, die dabei entstehen. Genau das gilt auch in unserem Automotor und führt zu den heftigen Folgen, die gerade den Automobilbereich erschüttern und uns viel Geld kosten.

Unter normalen Umgebungstemperaturen bleiben jedoch nur das Stickstoffmonoxid und das Stickstoffdioxid stabil und damit von Bedeutung. Übrigens: 99 Prozent der Luft, die wir atmen, besteht aus Stickstoff und Sauerstoff.

Bis vor 250 Jahren war Stickstoff noch vollkommen unbekannt. Die Erkenntnis begann ganz harmlos mit einem Versuch in einem englischen Labor mit einem armen Mäuslein. Das hatte damals keine Chance mehr. Es bewegte sich unter einer Glasglocke. Die war verschlossen, von außen kam keine Luft herein. Es kam, wie es kommen musste: Das Mäuslein fiel bald tot um. Das wissen wir heute, damals wusste man das noch nicht.

Das niedliche kleine Tier verbrauchte all den Sauerstoff, übrig blieb »schädliche Luft«, die weder Verbrennung noch Leben ermöglichte. Das Gleiche geschah mit einer Kerze; die ging im Glasbehälter ebenfalls aus. Daniel Rutherford, ein schottischer Chemiker, der dieses Experiment ausführte, nannte den Stoff »phlogistische Luft«, heute kennen wir den Stoff als Stickstoff. 78 Prozent, wissen wir heute, sind in der Atmosphäre enthalten. Der deutsche Namen Stickstoff kommt von der erstickenden Wirkung des Gases.

Das war 1772. Bis dahin glaubte man, dass die Luft nicht aus einem Gemisch verschiedener Gase besteht, sondern ein einheitlicher Stoff sei. Ein Tierversuch stand also am Anfang des

Wissens um einen der wichtigsten Stoffe des Lebens. Es ist immer dasselbe Spiel: Man weiß etwas nicht und macht daher ein Experiment, eine Frage an die Natur. Das beweist dann eine Erkenntnis – oder eben auch nicht. So gewinnt man Wissen, nicht durch Glauben. Worum geht es heute?

Es geht um die (Reiz-)Wirkung von NO_x, aber ausdrücklich nicht im Zusammenhang mit dem Dieselskandal. Man weiß zwar grundsätzlich, wie Stickoxide auf den Organismus wirken. Es gibt eine ganze Reihe Stickstoff-Sauerstoff-Verbindungen, je nachdem, mit wie viel Sauerstoff-Atomen sich das Stickstoff-Molekül zu verbinden geruht. Wobei es sich eher nicht binden mag, es ist nicht besonders reaktiv, sagt man. Deswegen benutzt man es bei der Verpackung von Lebensmitteln beispielsweise, um die vor dem schädlichen Sauerstoff zu schützen und länger haltbar zu machen. Je nachdem, wie sich die atomaren Legosteine zusammensetzen, entstehen vollkommen unterschiedliche Stoffe mit unterschiedlichen Wirkungen.

Eine lustige Wirkung kommt zum Beispiel zustande, wenn zwei Stickstoff-Atome mit einem Sauerstoff-Atom eine innige Beziehung eingehen. N_2O heißt das dann, Lachgas. Früher, als die Menschen noch nicht solche Angst vor Chemie hatten, hat man auf Jahrmärkten Menschen Lachgas einatmen lassen und sich über die Reaktion gefreut: Ein zwanghaftes Lachen, eine Euphorie überfiel sie. Ähnliche Belustigungen hat man auch auf gesellschaftlichen Abenden veranstaltet, als Gender und vegane Ernährung noch nicht Gesprächsthema waren. Üble Menschenversuche, würden heute Kenntnisbefreite urteilen, und zwar so lautstark, dass es gewiss massenhaft Verbote hageln würde.

Lachgas wurde früher zur Betäubung beim Zahnarzt und vor Operationen verwendet. Wer sich heute Schlagsahne aus der

Sprühdose auf den Kuchen spritzt, verbreitet damit auch Lachgas. Es dient als Treibgas.

Heute steigt der Gehalt an N_2O in der Luft ausgerechnet dadurch an, weil der Ausstoß von Stickoxiden bei Verbrennungsprozessen drastisch vermindert werden soll. Das gilt sowohl für Autos, die weniger Stickoxide ausstoßen sollen, als auch in besonderem Maße für Kohlekraftwerke. Bei denen wurden Technologien wie Wirbelschichtfeuerung eingebaut, um den Ausstoß an Stickoxiden zu vermindern, und die Kraftwerke damit »sauber« zu machen. Zudem wurden Katalysatoren in die Abgasstränge der Kohlekraftwerke eingebaut. Diese Verfahren vermindern zwar die Stickoxide, sorgen aber ausgerechnet dafür, dass der Lachgasanteil ansteigt, und zwar ziemlich stark. Das gilt als viertwichtigstes Treibhausgas. Da der Anteil der Katalysatorfahrzeuge weltweit weiterhin ansteigen wird, dürfte in den nächsten Jahren mit einem deutlichen Anstieg der Kfz-bedingten Lachgas-Emissionen gerechnet werden. Die Welt kommt erst »in Ordnung«, wenn alle Kraftwerke abgeschaltet sind, wenn auch das letzte Auto stillgelegt wurde. Dann können nur noch Bakterien für erhebliche Stickstoff-Anreicherung der Luft sorgen.

Ihr Organismus selbst stellt sogar Stickstoffmonoxid oder NO her. Das ebenfalls giftige Gas ist ein Botenstoff, ein wichtigen Neurotransmitter im menschlichen Körper. Der sorgt dafür, dass sich Muskeln rund um Blutgefäße entspannen und der Blutfluss erhöht wird.

Um 1870 beobachtete man in den Dynamitwerken des Alfred Nobel, dass Arbeiter, die bei körperlicher Anstrengung aufgrund einer Herzkrankheit an Schmerzen in der Brust litten, eine Linderung ihrer Schmerzen erfuhren, wenn sie in der Woche wieder in der Fabrik arbeiteten. Die Fabrikluft enthielt Dämpfe von

Nitroglycerin, denn diese Stickstoff-Verbindung ist der eigentliche Explosivstoff des Dynamits.

Diese hochexplosive Chemikalie benutzten dann Ärzte – stark verdünnt natürlich – als Standardarznei bei Angina pectoris. Menschenversuche?

Ganze 100 Jahre vergingen, bis man entdeckte, dass Nitroglycerin in der Muskulatur in NO umgewandelt wird – also in den Wirkstoff, der direkt für die Erweiterung der Blutgefäße verantwortlich ist.

Noch einmal 20 Jahre später erhielten drei Wissenschaftler den Medizin-Nobelpreis für ihre Erkenntnisse, auf welch komplizierte Weise NO die Herzgefäße beeinflusst. Verblüffend wiederum ist, dass sich der Organismus an NO-Gaben gewöhnt. Sie verlieren also ihre Wirkung. Wie genau dieser Prozess der Desensibilisierung verläuft, wird zurzeit erforscht. Aber auch hier fallen die Früchte der Erkenntnis nicht vom Himmel, sondern sind mit harter Arbeit und vielen Versuchen verbunden, die oft auch keine brauchbaren Ergebnisse haben. Und ja, mit Versuchen am lebenden Organismus. Anders geht es nicht.

Stickstoffatome gibt es im menschlichen Körper auch in den Aminosäuren und den daraus aufgebauten Proteinen.

Wenn sich aber – bei genügend Energie, sprich Hitze – zwei Sauerstoffatome mit einem Stickstoffatom verbinden, ergibt das jenes Stickstoffdioxid, NO_2, das jetzt das Potenzial hat, den Schurkenstoff CO_2 abzulösen.

NO_2 aus der Stickstoff-Sauerstoff-Connection ist für den Menschen tatsächlich schädlich. Es übt je nach Konzentration eine leicht bis stark ätzende Wirkung auf die Lunge aus, ist also in höheren Konzentrationen gefährlich. Wobei in der Fachwelt über Grenzwerte sehr heftig gestritten wird; sie beruhen selten auf Versuchen, sondern sind von Politik und Interessengruppen ausgehandelte Werte. Die Weltgesundheitsorganisation WHO übrigens beruft sich auf aktuelle Tierstudien, die Gefahren schon bei niedrigen Dosierungen ergeben hätten. Auch in diesem Fall ging es also nicht ohne Tierstudien.

Darauf hatten es Forscher der RWTH Aachen abgesehen, als sie in einer Studie mit Probanden gemessen haben, wie der menschliche Körper NO_2 aufnimmt. Denn erstaunlicherweise weiß man nicht sonderlich gut Bescheid über die NO_2-Wirkungen am Arbeitsplatz. Die Grenzwerte wurden zwar in Deutschland im Gegensatz zu anderen Ländern deutlich abgesenkt, aber rein willkürlich, also ohne sie auf irgendeine Weise zu begründen. Niemand also kann sagen, ob diese Grenzwerte sinnvoll sind oder nicht. 2013 und 2014, also lange vor dem »Diesel-Desaster«, hatten die Aachener Forscher jene ominöse Studie gemacht, die für helle Empörung sorgte; der Antrag dazu wurde 2012 gestellt.

Anlass war die Diskussion um die Absenkung der Maximalen Arbeitsplatz-Konzentration (MAK) für NO_2. Denn wenn man über Grenzwerte redet, sollte man wissen: Wie viel ist denn zu viel? Die Aachener wollten für neue Definitionen der maximalen Arbeitsplatzkonzentrationen mehr darüber herausfinden, wie NO_2 wirkt. Die Versuche liefen nach den üblichen Prozeduren ab. Es wurde also geprüft, ob Versuche notwendig sind, es gab eine vorherige Ethikberatung, und eine engmaschige medizinische Betreuung der Probanden. Soweit so normal. Das ist Grundlagenforschung, wie sie üblich und wichtig ist, um über neue Grenzwerte sinnvoll diskutieren zu können. Wer sie ablehnt, sorgt im Grunde für ein höheres Risiko bei Menschen. Dass Menschen dabei bösen Dieselabgasen ausgesetzt oder gar »begast« wurden, ist falsch. Es wurden die Aufnahmen von NO_2

in verschiedenen geringen Konzentrationen gemessen, also nur von einem Bestandteil von Dieselabgasen.

Die Ergebnisse wurden 2016 veröffentlicht, außer der Fachwelt nahm niemand Kenntnis davon. Nichts Geheimnisvolles, schon gar nicht grausame Menschenversuche. Forschung über die Wirkung von Dieselabgasen gibt es schon länger. Dabei wurde gemessen, wie und was Menschen von Dieselabgasen aufnehmen.

Auch die amerikanischen National Academies of Science betonen ausdrücklich, dass kontrollierte Experimente mit Freiwilligen, die Schadstoffen in der Luft ausgesetzt werden, berechtigt sind.

Mehr Aufsehen erregte seinerzeit eine »Affen«-Geschichte über gequälte Tiere. Denn kurz vor der Veröffentlichung der Aachener Geschichte hatte der Frankfurter Wirtschaftskorrespondent der *New York Times* über einen Versuch berichtet, Auswirkungen von Dieselabgasen auf einen Organismus zu erforschen, in diesem Fall an Affen. Diese Arbeiten hatten nichts mit den Versuchen in Aachen zu tun. 2014, also ebenfalls bevor die Diesel-Affäre begann, sollen Wissenschaftler in einem Labor in Albuquerque als Beweis für die schädlichen Auswirkungen von Dieselabgasen auf die menschliche Gesundheit dieses Experiment durchgeführt haben.

Danach seien zehn Affen in luftdichte Kammern gesetzt worden. Sie hätten Abgase eines Diesel-VW-Käfers einatmen müssen, und durften dabei zur Unterhaltung Zeichentrickfilme anschauen. Belege oder Quellen dafür werden nicht genannt, es wird lediglich auf Gerichtsakten und Regierungsdokumente Bezug genommen. Die Studie, um die es geht, liegt öffentlich nicht vor. Man kann daher Ziel und Arbeit der Forscher nicht seriös beurteilen. Das Labor Lovelace Respiratory Research Institute (LRRI) jedenfalls arbeitet seit langem in der Erforschung von Atemwegserkrankungen und untersucht Auswirkungen von Stoffen in der Luft auf die Atemwege und wird von der mächtigen Food and Drug Behörde (FDA) kontrolliert. Man darf davon ausgehen, dass keine Frankenstein-Scharlatane am Werk waren. Nur was genau geschah, ist nicht bekannt geworden.

Das, was hinten aus Ihrem Autoauspuff herauskommt, hat natürlich – wie die Abgase bei allen Verbrennungsvorgängen – auch bedenkliche Stoffe. Bei ihren Heizungen zum Beispiel entsteht ebenfalls das äußerst schädliche Kohlenmonoxid. Wenn der Kamin undicht ist, entschlafen Sie sanft und merken nicht einmal etwas. Aber: Niemals würden Sie auf die Idee kommen, wegen dieser vagen Gefahr lieber frieren zu wollen. Die Autoabgase allerdings sind in den vergangenen Jahrzehnten erheblich »sauberer« geworden. Senken die Motorenkonstrukteure jedoch den einen Wert, geht das in der Regel auf Kosten eines anderen Wertes, der dann ansteigt. Das ist so, daran lässt sich nichts drehen. Erhöhen die Motorenbauer etwa die Verbrennungstemperaturen, so sinken zwar Verbrauch und CO_2-Ausstoß, gleichzeitig steigt aber der NO_2-Ausstoß an. Denn die höheren Temperaturen wiederum fördern, dass sich Stickstoff und Sauerstoff besser verbinden.

Nun wird die Luft in den Städten immer sauberer. Stickoxid-Emissionen zum Beispiel wurden in Deutschland in den letzten Jahren mehr als halbiert. Sie sind von 1990 bis 2015 deutlich um immerhin 59 Prozent zurückgegangen. Diesel-PKW allerdings tragen zu den Stickoxiden in der Luft nur zu einem sehr geringen Teil bei. Ein Verbot hätte also nur sehr geringe Auswirkungen. Von immer stärker verschmutzter Luft in den Städten zu reden, ist also ziemlich falsch.

Entscheidend sind immer die Konzentrationen etwaiger Schadstoffe. Daher will man Zahlen wissen, vor allem, wenn man über Grenzwerte redet. Das geht nicht ohne Versuche. Sie gehören zu einer seriösen Aussage dazu. Dafür gibt es ausgefeilte Regularien, die besagen, wie damit umgegangen werden muss. Diese wurden alle eingehalten. Übrigens: Zu den nachweislich gefährlichsten Schadstoffquellen im Alltag zählt das Rauchen, worunter auch Passivraucher leiden. Hier ist die nachgewiesene Zahl an Toten (121.000 in 2013 allein in Deutschland) bei weitem höher als die den Diesel-Abgasen nachgesagte Opferzahl. Zu diesen sehr problematischen Schadstoffquellen gehört auch das immer beliebtere Shisha-Rauchen.

Ruß und Feinstaub

2,2 Tage – das ist die Zeit, die Sie weniger leben. Der üble Killer heißt Feinstaub. Wussten Sie das nicht? Diesen Zeitraum wollen die Expertinnen des Umweltbundesamtes ausgerechnet haben. Genau auf die Stunde. Ohne die Belastung durch Feinstaub würde jeder von uns 2,2 Tage länger leben. Ihre Modelle hätten diesen Wert ergeben. Nun, mit solchen Modellen kann auch jede andere Aussage bewiesen werden. Andere störende Faktoren wie zum Beispiel »Wie viele Raucher sind dabei?« werden nicht berücksichtigt, so entstehen reine Zufallsergebnisse.

Allein, dass sie es wagen, mit einer solch windigen Aussage an die Öffentlichkeit zu gehen, sagt eine ganze Menge über das seltsame wissenschaftliche Verständnis dieser Behörde, die 1500 Mitarbeiter beschäftigt. Glaubwürdigkeit zählt nicht mehr, Propaganda ist alles. Es wird Zeit, diese Mammutbehörde zu schließen.

Schädigt Feinstaub auch das Gehirn? Das ist die große Frage, die von wissenschaftlicher Seite ungeklärt ist. Schaffen es diese mikroskopisch kleinen Teilchen, durch die Lunge in das Blut einzudringen, sogar die legendäre Blut-Hirn-Schranke, die letzte Bastion des Gehirns, zu überwinden und in das Gehirn einzudringen? Richten sie dort verheerende Schäden an?

Dafür sprechen zwar manche Forschungsergebnisse, endgültig geklärt ist jedoch noch nichts. Trotzdem gilt Feinstaub seit einiger Zeit als das größte anzunehmende Übel, als der Super-Gau schlechthin, kommt unmittelbar nach der Kernschmelze eines Kernkraftwerkes. Er lässt Alkohol, Zigaretten und das superböse CO_2 weit hinter sich. Feinstaub gefährdet die Gesundheit, ist einfach grauenhaft, muss weg. Feinstaub führen Grüne und selbsternannte Umweltschützer im Mund, wenn sie auf die Gesundheitsgefahren unserer Industriegesellschaft hinweisen wollen – oder wenn sie einfach nur Geld für »mutige« Projekte gegen den Feinstaub wollen.

Ökokriegsgewinnler wie die umstrittene Deutsche Umwelthilfe DUH überziehen derzeit Städte mit teuren Klagewellen, weil diese die deutlich heruntergesetzten Grenzwerte nicht einhalten können. Sie treiben ein teures Spiel über ihren Brüsseler Außenposten: Dort sorgt die Umweltguerilla-Lobby für niedrige Grenzwertvorgaben. Daraufhin kann Brüssel mit schöner Regelmäßigkeit Deutschland wegen grenzwertüberschreitender Feinstaubbelastung rügen.

Das führt zum Beispiel dazu, dass der baden-württembergische, grüne Verkehrsminister in Brüssel mit einem Stuttgarter Feinstaubaktionsplan davon überzeugen muss, die Lage im Griff zu haben und dass im Südwesten in Sachen Umwelt etwas getan wird. Doch die Kommission will jetzt »Butter bei die Fische«: »Wir wollen Ergebnisse sehen!« Zehn Jahre schon mahnt Brüssel und dringt auf Einhaltung der Grenzwerte.

Den Eiertanz kann man besonders schön in Stuttgart bewundern. Vor allem im Herbst und in der Winterzeit warnen schon weit vor der Landeshauptstadt »Feinstaubalarm«-Schilder über der Autobahn. Das klingt ähnlich wie Bombenalarm. Die Bürger sollen das Auto stehen lassen, vor allem die Heizungen ausmachen. Frieren gegen Feinstaub.

Über Internet lässt sich der Horror grafisch aufbereitet direkt verfolgen, verbunden mit aktuellen Handlungsanweisungen: »Bitte lassen Sie Ihren Komfort-Kamin aus« und »Bitte lassen Sie Ihr Auto stehen«.

Umweltverbände wie die Deutsche Umwelthilfe fordern Fahrverbote, allerdings nicht für ihren Chef, den Vielflieger und Vielfahrer Jürgen Resch. Der muss natürlich für den Schutz der Umwelt fahren und fliegen dürfen.

Die wohl berühmteste Messstelle sowohl für Stickoxide als auch Feinstaub steht an der am meisten befahrenen Straße in der Innenstadt der baden-württembergischen Landeshauptstadt Stuttgart. Das Messgerät für Luftschadstoffe ist direkt am Neckartor an einer mehrspurigen Einfallstraße positioniert, also an der dreckigsten Stelle im gefürchteten Stuttgarter Kessel. Nach Berechnungen der Landesanstalt für Umweltmessungen Baden-Württemberg kommen an genau dieser berüchtigten Kreuzung 51 Prozent des Feinstaubes aus dem Straßenverkehr. Von diesen 51 Prozent allerdings nur 7 Prozent aus dem Auspuff der Autos, 44 Prozent davon entstehen beim Bremsen und wesentlich durch Abrieb von Reifen.

Ein paar Meter weiter sieht die Situation vermutlich gleich ganz anders aus. Deshalb hatte einst die CDU-Fraktion beantragt, eine zweite Messstelle zu installieren: »Auch – immer vorausgesetzt, im Ergebnis stellen sich die Werte besser dar – würde das Image der Stadt, die mit dem Neckartor als extrem dreckigem Ort in Sachen Feinstaub europaweit in den Schlagzeilen steht, bei einer sich möglicherweise ergebenden positiveren Gesamtdarstellung etwas weniger leiden.«

Die EU muss sich auch nicht mit den zu erwartenden Protesten der Bürger herumschlagen. Davor scheuen die Grünen im Stuttgarter Rathaus als auch in der baden-württembergischen Landesregierung nun doch zurück. Im Prinzip hieße das, das Wirtschaftsleben einzustellen. Dann gibt's auch keine Steuereinnahmen mehr.

Was tun, fragen sich verzweifelt die Grünen. Sie können auch ihre letzte Wählerklientel in guter Stuttgarter Halbhöhenlage kaum in der kalten Jahreszeit frieren lassen. Sie haben jetzt erst einmal »Betriebsbeschränkungen für kleine Feuerungsanlagen« verordnet. Danach sollen sogenannte Komfortkamine bei Feinstaubalarm – na was wohl? – verboten werden. Also Holzöfen, die eine »bereits vorhandene Heizung ergänzen und nicht den Grundbedarf an Wärme decken«.

Die vor der Wut der Stuttgarter Bürger zitternden Stuttgarter Grünen sind zudem auf die Idee einer blauen Plakette gekommen. Nur Autos mit einer solchen Plakette sollen in die Innenstadt fahren dürfen. Damit sollen – so der Plan – im Jahr die Stickoxidwerte um 91 Prozent, der Feinstaub um 10 Prozent reduziert werden. Wieder eine neue Plakette, nachdem sich schon die alte grüne als wirkungslos erwiesen hatte.

16 Prozent der Feinstaubbelastung sollen kleine und mittlere Feuerungsanlagen produzieren, 30 Prozent Ferntransporte und 3 Prozent Industrie, Gewerbe, Baustellen und Sonstiges. Wohlgemerkt, immer bezogen auf die bundesweit bekannte Messstelle am Neckartor in der baden-württembergischen Landeshauptstadt.

Die bisherigen Fahrverbote haben jedenfalls keinerlei Wirkung gezeigt. Kunststück, denn der Verkehr ist keineswegs die Hauptquelle des ominösen Feinstaubes im Stuttgarter Talkessel.

Ins Feld geführt werden bedrohlich klingende Untersuchungen, nach denen allein in Deutschland jährlich 34.000 Menschen an den Folgen von Feinstaub sterben.

Das ist deutlich mehr als die 3000 bis 4000 Verkehrstoten, ein wenig mehr als jene 20.000 bis 30.000 Toten, die aufgrund mangelnder Hygiene in unseren Krankenhäusern sterben sollen.

Europaweit sollen es 430.000 Menschen sein, weltweit einige Millionen. Auf einige mehr oder weniger kommt es nicht an, kurzum Feinstaub ist der Schrecken der modernen Industriegesellschaft.

Natürlich stimmt das alles nicht. Schenken Sie diesen Alarmmeldungen keinen Glauben. Sie sagen rein gar nichts aus. Es handelt sich nur um Modellrechnungen. Niemand kann sagen, wie lange ein Mensch lebt, ob er früher stirbt und welcher Konzentration Feinstaub ein Mensch ausgesetzt sein muss, damit er hienieden scheidet. Niemand weiß das, schon gar nicht lässt sich feststellen, ob jemand an einer zu hohen Feinstaubbelastung verstorben ist oder nicht. Oder war doch zu wenig Bewegung und zu fettes Essen der Grund für den 2,2 Tage verfrühten Tod?

Ganz deutlich wird hier der Lungenfacharzt Prof. Dieter Köhler. Er war Präsident der Deutschen Gesellschaft für Pneumologie, er lehrte an den Universitäten Marburg und Freiburg und war fast 28 Jahre lang ärztlicher Direktor des Fachkrankenhauses Kloster Grafschaft in Schmallenberg. Seit 2013 pensioniert, kann er sich ein offenes Wort erlauben. »Diese Studien sind eine der größten Seifenblasen, die es gibt.« Die Gesundheitsgefahren werden absichtlich aufgebauscht. Er sagt: »Laut den Studien leben die Leute in Sevilla an vielbefahrenen Straßen länger. Daraus aber den Schluss zu ziehen, dass Feinstaub das Leben verlängert, wäre genauso unsinnig wie das, was jetzt behauptet wird.« Es gebe keinen Nachweis dafür, dass Feinstaub in höherer Dosis mehr Schäden verursache als bei niedriger Dosis. »Daran hätte man schon merken müssen, dass etwas faul ist«, so Köhler. Im Übrigen gebe es auch keine biologische Erklärung dafür, »warum der Feinstaub das alles im Körper anrichten soll«.

Kein Raucher dürfte mehr am Leben sein, denn sie inhalieren einen um den Faktor 1000 höheren Gehalt an Feinstaub. Mittlerweile, so Köhler, sei in der öffentlichen Wahrnehmung die Behauptung, dass Stickoxide und Feinstaub das Leben verkürzen würden, keine Vermutung mehr, sondern unumstößliche Tatsache.

Wir müssen mit dem feinen Staub leben. Die Natur produziert ihn selbst in ungeheurem Ausmaße. Pollen und Blütenstäube zum Beispiel wehen im Frühjahr wieder übers Land. Waldbrände müsste man verbieten, dabei entstehen Feinstäube, und ebenso sollte man Vulkane stilllegen. Was da an Staub aus dem Vulkanschlot herauspustet, übersteigt grünes Vorstellungsvermögen.

Keine Frage: Gute Luft ist ein hohes Gut, das niemand leichtfertig aufgeben darf. Aber es gilt, keine Alarmisten-Maschinen einzuschalten, um noch mehr Geld aus irgendwelchen Fördertöpfen zu holen. Geld, das letztlich von uns allen hart erarbeitet werden muss.

Wir müssen die Kirche im Dorf lassen. Immerhin ist eingetreten, was Willy Brandt seinerzeit forderte: Der Himmel über dem Ruhrgebiet ist wieder blau geworden. Das geschah zum einen durch höhere Schornsteine, die den Dreck weiter in der Landschaft verteilten. Doch gleichzeitig brachten neu entwickelte Filtertechnologien beachtliche Fortschritte. Anfang der 1960er-Jahre wurden im Ruhrgebiet 1,5 Millionen Tonnen Staub und Ruß sowie vier Millionen Tonnen Schwefeldioxid aus Kraftwerken, Stahlwerken und anderen Anlagen in die Luft geblasen. 1962 wurde in Nordrhein-Westfalen als erstem Bundesland ein Immissionsschutzgesetz verabschiedet. 1964 lag die Konzentration von Schwefeldioxid im Ruhrgebiet noch bei über 200 μg/Kubikmeter, 2009 sind es weniger als 10 μg.

Kraftwerke bekamen elektrostatische Rauchfilter, Katalysatoren, aufwendige Abgasreinigungsanlagen, sodass heute die Luft sauber geworden ist.

Die Autos wurden mit aufwendigen Katalysatoren ausgerüstet – zuerst gegen den heftigen Widerstand der Autohersteller –, Dieselmotoren wurden mit Rußfiltern ausgerüstet.

Heute fällt es auf, wenn man hinter einem alten Auto ohne Abgastechnik herfährt.

Aber Feinstaub ist so recht ein Thema, über das man wunderbar dramatische Berichte in die Welt setzen kann. Feinstaub ist so schön geheimnisvoll, man sieht ihn kaum, er hat geheimnisvolle Eigenschaften und kann natürlich auch die Erbsubstanz schädigen. Vom Auspuff ins Gehirn – wie Feinstaub die Gesundheit schädigt – schöner kann man Katastrophen nicht ausmalen.

Gut könnte man auch gegen die Kirchen wettern. Lassen doch auch die Weihrauchkessel die Feinstaubwerte in den Kirchengemäuern über alle EU-Grenzwerte steigen. Früher jedenfalls erwiesen sich die Stadtverwaltungen als praktisch veranlagt: Bei der Straßenreinigung ließen sie mit Wassersprengwagen die Straßen abspritzen. Das wirkte Wunder. Staub, Feinstaub, Abrieb von Bremsen und Reifen sowie Rußniederschläge aus Heizungen wurden in die Kanalisation gespült. Dafür fehlt heute das Geld. Und außerdem lässt sich dann das Thema »Feinstaub« politisch nicht mehr so schön ausschlachten.

Zu guter Letzt: das generell zweifelhafte Nachrüsten beim Diesel

Sie lesen vermutlich immer wieder von Lösungen, dass Ihr Dieselfahrzeug mit Euro 5 Norm nachgerüstet werden soll. Älteren Dieselmodellen sollen nachträglich Katalysatoren, AdBlue-Tanks, Einspritzdüse in den Abgasstrang und die notwendige Elektronik verpasst werden, um die Stickoxide zu bekämpfen. Nein, ein Software Update werde nicht ausreichen, um die Grenzwerte einzuhalten. Das sagten sehr schnell alle einschlägig Bekannten aus dem Politikpersonalpark – angefangen von der damaligen Bundesumweltministerin bis hin zur DUH. Neue Hardware sollte eingebaut werden – natürlich auf Kosten der Autoindustrie. Das ließ sich so schön verkaufen: Wir zwingen die Autoindustrie, für saubere Autos zu bezahlen. Natürlich eine Milchmädchenrechnung. Denn am Ende bezahlen Sie, der Käufer des Autos.

Ob das technisch so einfach machbar ist und überhaupt stimmt, spielte mal wieder keine Rolle. Ausgerechnet der ADAC präsentierte kurz vor dem legendären Termin vor dem Bundesverwaltungsgericht in Leipzig eine »Und es funktioniert doch!«-Lösung für ältere Dieselfahrzeuge. »Alte Diesel können sauber werden« wollte der Verein weismachen. Ausgerechnet der ADAC, jener Automobilclub, wir erinnern uns, dem kaum einer glaubt, weil er bei der Wahl der Autos des Jahres Leservoten kräftig manipuliert hat, der will jetzt erzählen, eine Nachrüst-Lösung für Dieselfahrzeuge erfolgreich getestet zu haben.

Die ADAC-Techniker bauten Dieselfahrzeugen einen zusätzlichen Katalysator mit AdBlue-Tank in den Abgasstrang ein. Probefahrten ergaben deutlich geringere Stickoxid-Emissionen – stolz in Stuttgart präsentiert von ADAC und dem grünen, herrlich inkompetenten Verkehrsminister Herrmann. Resultat der Testfahrten: »Sie zeigen jedoch sehr klar das Potenzial dieser Technik!«, erzählte der Leiter Test und Technik des ADAC, Reinhard Kolke.

Lassen Sie sich nicht verschaukeln. Das waren Testfahrten mit Prototypen, und jeder Entwickler weiß, wie viel Aufwand zwischen Prototyp und den vom Kraftfahrtbundesamt zugelassenen verkaufsfertigen Fahrzeugen steckt und welche Probleme auf dem Weg dahin auftreten. Das Entscheidende, die Verantwortung für Standfestigkeit, Garantie und Motorlauf, würde der saubere ADAC auch nicht übernehmen. Genau darauf aber kommt es an. Denn in den Details sind erhebliche Arbeiten und Mühen verborgen. Mit dem Einbau eines solchen Katalysators ist es nicht getan; die notwendige Steuersoftware ist auf die richtigen Sensoren angewiesen und greift tief in das Motormanagement ein.

Abgesehen vom Platz, der im engen Motorraum unter der Kühlerhaube meist nicht mehr vorhanden ist, soll der Katalysator möglichst nah am Motor sitzen. Er muss schnell auf Temperaturen kommen, damit die chemischen Reaktionen im Katalysator unter dem Wagenboden ablaufen.

Die Steuerung muss tief in das Motormanagement eingreifen; längere Tests müssen belegen, dass das komplette System auch über lange Zeit funktioniert. Ein moderner Motor mit seiner komplexen Einspritztechnik, umfangreichen Sensoren und Vorheizsystemen für Katalysator und AdBlue-Tank und

Leitungen ist ein sehr komplexes technisches System, das über mehrere Jahre ausführlich getestet werden muss – bis hin in sämtliche verschiedenen Varianten mit unterschiedlichen Motoren und Getriebevarianten. Es gilt wie beim Computer der Satz: Don't touch running systems!

Es freuen sich vielleicht die Hersteller der Nachrüstsätze. Eine Garantie auf die Funktion des Autos gibt niemand, schon gleich gar nicht der lautstark auftretende ADAC. Dass der ADAC, dessen Fachleute es besser wissen müssten, auf diesen Zug aufspringt, zeigt die Mühsal dieses Vereins, wieder ein wenig an Boden zu gewinnen, indem er sich auf die grüne Seite schlägt.

Für jeden Wagentyp, für alle Motorenvarianten und Getriebekombination müssen Nachrüstsätze sorgfältig entwickelt und ausgiebig getestet werden. Zwei bis drei Jahre Entwicklungsarbeit schätzen erfahrene Motorenbauer. Dann müssen alle Varianten beim Kraftfahrtbundesamt zugelassen werden. Noch einmal ein hoher bürokratischer Aufwand. Bis zu 3300 Euro dürfte die Nachrüstung kosten, schätzt der ADAC-Mann. Wobei die Dieselfahrer die voraussehbaren Komplikationen mit Auto in Werkstatt ebenso zu tragen haben wie den Mehrverbrauch an Kraftstoff. Nachrüstung – da hat der frühere VW-Chef Müller recht, bedeutet gutes Geld schlechtem hinterherzuwerfen.

Sicher, die Filterhersteller freuen sich, die Autobesitzer weniger. Für sie wird es teuer. Sie bezahlen für puren Aktionismus mit einem zweifelhaften Nutzen. Unangenehm, wie sich der ADAC auf der Suche nach Rehabilitation an die Grünen ranwanzt: »Politik und Industrie sind jetzt gefordert, schnell zu handeln.«

Weg mit der individuellen Mobilität: die Zukunft?

Es ist ganz offensichtlich: Hinter all den Bemühungen, die Autos zu verbannen, steht das Ziel, die individuelle Mobilität einzuschränken und gar völlig zu zerstören. Gar keine Mobilität mehr also?

Johann Jungwirth ist Chief Digital Officer der Volkswagen AG, der neue VW-Mann fürs Digitale. In seinen Vorträgen malt er die automobile Zukunft an die Chartwand und wurde dafür unter anderem vom Motor Presse Club mit dem »Innovation Award« ausgezeichnet. Sein Lieblingswort: »disruptiv«.

Er beginnt seine Vorträge häufig mit zwei historischen Bildern: New York 1903 vor der Einführung des Automobils, volle Straßen, alles Pferdekutschen. Er bittet seine Zuhörer, das einzige andere Fahrzeug zu finden. Ein Auto eingezwängt zwischen Pferdefuhrwerken. Dann das nächste Suchbild: New York, 1913, nur zehn Jahre später: Die Zuschauer sollen das einzige Pferdefuhrwerk finden. Zwischen den Autos fährt nur noch eine einzige Kutsche. Eine rasante Entwicklung. Jungwirth ist überzeugt, so wird das auch mit der neuen Elektro-Mobilität sein.

Nur hätte damals niemand vorausgesagt, welch rasante Entwicklung das Auto dermaleinst nehmen werde. Autoerfinder Gottlieb Daimler selbst schätzte den weltweiten Bedarf an Kraftfahrzeugen auf lediglich 5000 Exemplare ein. Heute *wissen* die Experten aus Medien und Politik, dass das Elektroauto die Zukunft ist. Zu Beginn fürchteten sich die Menschen vor dem knatternden Ding, das da abenteuerlich schnell vorbeibrauste und

117

Pferde scheu machte. Viele kleine Details, die neu entwickelt wurden, machten das Auto zu einer gebrauchsfähigen Maschine. Wie zum Beispiel der Anlasser. Es gehörte schon eine gehörige Portion Enthusiasmus dazu, mit einer Handkurbel einen Mercedes Simplex Wagen Anfang des 19. Jahrhunderts bei Kälte und Feuchtigkeit anzuwerfen. Das bedeutete Schwerstarbeit. Erst die Erfindung des Anlassers gestaltete den Vorgang bequemer und alltagstauglicher.

Die frühen Autos waren teuer. Erst Henry Ford rechnete auf den Penny genau aus, wie er das Auto billiger produzieren konnte, weil sich sonst nicht viele ein Auto leisten konnten. Mit dem Fließband begann der automobile Siegeszug. Beides – Weiterentwicklung der Technik und eine Produktion, die niedrige Preise erlaubte, öffnete den Weg des Automobils zur Massenmotorisierung. Das war ein Marktgeschehen, das auch mit vielen Rückschlägen verbunden war. Wäre es Henry Ford nicht gelungen, seine Produktion mit dem Fließband so zu organisieren, dass am Ende auch ein von den meisten Menschen bezahlbares und funktionsfähiges Vehikel herausgekommen wäre, hätte er einpacken können. In Deutschland gab es Anfang des 19. Jahrhunderts einige Tausend Hersteller von Automobilen. Die meisten scheiterten; zu teuer oder nicht funktionstüchtig waren ihre Konstruktionen. Und jetzt steht das Wort von dem ehemaligen VW-Chef und genialen Autokonstrukteur Ferdinand Piech im Raum, dass weltweit nur noch fünf bis sechs Autohersteller überleben werden.

Eine solche Entwicklung mit vielen Unabwägbarkeiten steht dem Elektroauto und seiner gesamten Infrastruktur noch bevor. Ob es die bestehen kann, weiß niemand. Absehbar ist allerdings schon jetzt, dass für ein paar Millionen Elektroautos nicht genügend Strom zur Verfügung steht.

In welche Richtung die technischen Entwicklungen gehen und vor allem, wie ihre Akzeptanz bei den Kunden sein wird, weiß kein Mensch und kann auch niemand voraussagen. Akzeptanz lässt sich auch nicht wie in einer Planwirtschaft anordnen. Das geht fürchterlich schief, wie das Beispiel der ehemaligen DDR gezeigt hat. Das Schicksal Venezuelas mit seinen sozialistischen Experimenten steht als anderes erschreckendes Beispiel zur Ansicht.

Heute doziert der von Apple kommende Johann Jungwirth, wie die automobile Zukunft aussieht: elektrisch, keine Frage. Er verspricht 500 und 600 Kilometer mehr Reichweite. Selbstfahrend – ebenso keine Frage für ihn. Sind die bisher Überfahrenen Kollateralschäden? Er sagt: »Wir schenken jedem von uns 38.000 Stunden, die wir heute im Auto über unser gesamtes Leben verbringen. Man kann lesen, lernen, Spiele spielen, mit der Familie reden. Sehr gute Sache!«

Dann kommt er auf die eigentlichen Hintergründe zu sprechen, zum Mobilitätsstore. Im neuen VW Celtic ist ein großer OLED Bildschirm eingebaut. Der bietet den Zugang zu einem Content Store mit Entertainment, Shopping und, ja, auch zum Thema Werbung. »Wichtig, diese Plattform mit zu installieren«, sagt er. »Wir wollen diese Plattform nicht aus der Hand geben an die neuen Wettbewerber aus Silicon Valley oder China!«

Von gestern werden dann unsere eigenen Autos sein. Per Apps werden wir, wenn wir wegfahren wollen, das nächste Automobil bestellen. Das rollt automatisch heran. Vorteil: »Die Fahrzeuge werden zu 96 Prozent der Zeit nicht genutzt.«

»Wir können diese Nutzungsrate von 4 Prozent auf mindestens 40 Prozent erhöhen.« Zu welchem Schluss würde er kommen, wenn er die Nutzung der Toiletten untersuchte? »Wir haben eine Simulation für Berlin gemacht. Wir wissen: Wir bräuchten nur ein Siebtel der Fahrzeuge.«

Aber das sei keine schlechte Nachricht für die Autohersteller: »Durch die hohe Nutzungsrate sind die Fahrzeuge nur etwa zwei Jahre in Betrieb, dann müssen sie ausgetauscht werden.« Das ist doch einmal eine lebensrettende Maßnahme für die bedrohte Autoindustrie. Autos halten nur noch zwei anstatt 15 Jahre.

Nachdenken über E-Mobilität hat Konjunktur. Human use, human experience, human thinking – das sind die Schlagworte. Jungwirth: »Mobilität für alle auf Knopfdruck. Wir werden das umsetzen!« Was wir wollen: »Die menschliche Intelligenz mit der künstlichen Intelligenz einfach bestens in eine Symbiose zu bringen!« Smart customer, smart products, smart enterprise! »Alles wird smart!« Das ist die Zukunft, sie basiert auf der künstlichen Intelligenz. Mehr Mobilität, mehr Wohlstand.

Aber machen diejenigen mit, die das bezahlen sollen? Wir also? Wer nicht an irgendeinem öffentlichen Tropf hängt, sondern selbst sein Geld verdienen muss, kalkuliert knallhart ökonomisch: Was rechnet sich und was nicht? Platz für ideologische Experimente gibt es da eher nicht. Wenn Sie so rechnen, sind Sie nicht allein. Nur etwas mehr als 50.000 andere kamen bisher in Deutschland auf die Idee, ein Elektroauto zu kaufen. Zum Vergleich: In Deutschland fahren insgesamt 46,5 Millionen Autos.

Einfach dürfte es nicht gerade werden, bei einem Autokonzern für das »Wording« verantwortlich zu sein, also die geforderten Bekenntnisse zu Ökologie, Nachhaltigkeit und Natur abzulegen und gleichzeitig der automobilen Realität ins Auge zu sehen. Wie sagt man es dem artigen Jungjournalisten von der Automobilzeitschrift *Auto Motor und Sport*, dass die sündhaft teure Entwicklung von Elektroautos betriebswirtschaftlich alles andere als sinnvoll ist, wenn kein Mensch die Autos kauft! Denn bisher deutet nichts darauf hin, dass sich die Autokäufer so entscheiden, wie das eine ehemalige Umweltministerin, Bundeskanzlerin und ein Haufen grüner Ideologen in Ministerien wollen.

Der Jungjournalist also fragt in seinem Interview penetrant den VW-Mann danach, wie toll e-Mobilität ist. Antwort des VW-Mannes: »Wir glauben an die Zukunft der e-Mobilität, nicht exklusiv, aber es gibt natürlich auch phantastische Produkte mit Diesel-Aggregaten und modernsten Benzin-Aggregaten!« Er schreckt auch vor heftigen hehren Wortgebilden nicht zurück, wenn es Sympathie gutzumachen gilt: »Wir wollen das Thema e-Mobilität demokratisieren!« Er betont: »Gesagt werden muss auch immer: Wir nehmen das Thema Elektrifizierung sehr ernst!« Und: »Wir werden große Schritte machen!« Der Jungjournalist von der Autozeitung hatte seine Sprüche für den nächsten Artikel.

Also: Glauben Sie nichts von jenen Jubel-Artikeln, die Elektro-Autos anpreisen wie Sauerbier.

Das Öl der Zukunft: unsere Daten

Und nun? Was nützt uns alle schöne Ingenieurskunst, wenn am Horizont schon Google & Co als Autoproduzenten drohen, lesen wir immer wieder? Sind VW & Co dann abgemeldet? Tatsächlich: Google ließ bereits einen kleinen Wagen elektrisch herumfahren. Doch einen erheblichen Unterschied gibt es zwischen traditionellen Autoherstellern und den neuen amerikanischen Internet-Giganten. Das Auto interessiert sie nicht sonderlich. Sie wollen uns, den gesamten Menschen mit Haut und Haar. Sie wollen uns nach allen Regeln der Kunst ausforschen. Interessant wird vor allem die Fähigkeit von Google & Co., menschliches Verhalten vorauszusagen. Wohin wirst du morgen Nachmittag fahren? Welche Route wirst du benutzen? Wirst du schnell oder langsam fahren, aggressiver oder eher mit weniger heftigem Druck aufs Gaspedal? Überholst du häufig? Wie ist es mit dem Einhalten von Geschwindigkeitsbegrenzungen?

Das erlaubt interessante Charakterportraits, an denen ziemlich viele Institutionen lebhaftes Interesse haben: Versicherungen in erster Linie, dann auch Arbeitgeber und viele andere. Das moderne Auto wird also zu einer rollenden Mobilfunkstation. Bei Porsche benötigen sie bis zu drei SIM-Karten, um alle Funkdienste abzuwickeln. Darunter sind auch nützliche Funktionen wie eine Notfunktion, dass das Auto nach einem Unfall automatisch den Rettungsdienst mit genauer Ortsangabe ruft. Oder das Auto kann im Fall eines Diebstahles geortet und abgeschaltet werden.

Ihr funkendes Auto liefert auch genaue Informationen über die aktuelle Verkehrslage. Es dient als Messstation, steht der Verkehr gerade oder fließt er? Das macht Ihr Handy teilweise auch, wenn Sie die entsprechenden Dienste eingeschaltet haben. Ihre Daten verkaufen bereits Mobilfunkdienstleister an zum Beispiel Google & Co., die daraus relativ präzise Verkehrsinformationen generieren. Sie sehen über Google Maps überraschend genau, wo gerade Staus sind und wo die Strecke frei ist.

Voraussetzung für die vielfältigen Angebote ist das, was Handynutzer vielfach schmerzlich vermissen: eine gute Funkverbindung. Gerade in gebirgigen Gegenden meldet das Handy den Verlust der Funkstrecke. Das Mobilfunknetz in Deutschland weist allerdings noch erhebliche Lücken auf, und häufig ist die Verbindung zu langsam. Denn entscheidend ist die Schnelligkeit, mit der Bits & Bytes gefunkt werden. Bei den bisherigen Verfahren sind die Verzögerungen, die sogenannten Latenzzeiten, noch zu hoch. So können sich Computer in den Fahrzeugen nicht untereinander unterhalten. Das aber ist die Voraussetzung für vernetzte Automobilität.

Gerade wurde der Weltrekord für stabile Internetverbindungen bei Autos aufgestellt: in Südkorea. Dort fuhr ein BMW mit 170 km/h über eine Teststrecke und funkte Daten mit immerhin 3,6 Gigabit pro Sekunde. Das neue Beamforming-Verfahren konnte eine einwandfreie und stabile Verbindung herstellen. In Deutschland erproben Bosch, Vodafone und der chinesische IT-Gigant Huawei auf einem kurzen Teilstück der Autobahn A 9 in Bayern eine schnelle Mobilfunktechnologie.

Für das autonome Fahren allerdings würde man diese Funkverbindungen nicht benötigen, sagen Daimler-Experten. Die Sensorik und Kameras und Auswertemechanismen für das selbstständige Fahren funktionieren autonom. Allerdings würden sie für präzisere Umfelderkennung benutzt. Die Autohersteller hoffen für die vernetzte Car-Kommunikation auf eine ausreichende Infrastruktur in Deutschland. Immerhin hat das Bundesverkehrsministerium angekündigt, dass im nächsten Jahr die Frequenzen für diese Kommunikation vergeben werden sollen, und rund 100 Milliarden Euro für ein leistungsfähiges Breitbandnetz eingeplant. Das soll bis 2025 stehen.

Bereits sehr heftig tobt der Streit um die Daten, die das Automobil und damit der Fahrer produziert. Wem gehören sie? Ihnen, der Sie das Auto gekauft haben und damit fahren? Dem Autohersteller? Den zahllosen Anbietern von nützlichen und überflüssigen Apps, die behaupten, aus den vielen Daten des Automobils einen Mehrwert für Sie generieren zu können? Ähnlich wie das Google und die anderen Internet-Giganten mit den Daten des Nutzers tun. Die Autohersteller haben jedenfalls das gewaltige Potenzial der Daten erkannt. Für Christoph Grote, BMW-Bereichsleiter Elektronik sind sie »Das Öl des Informationszeitalters«.

Sie wollen die Schnittstelle für die Daten schließen. Technisch funktioniert das so, dass alle Daten über einen zentralen CAN-Bus laufen und gespeichert werden. Das sind die Daten, die sämtliche Sensoren zum Beispiel an den Rädern, im Motor und am Fahrwerk liefern. Es handelt sich dabei auch um sehr sicherheitskritische Daten. Wer auf die Zugriff hat, kann das Auto kapern. Die Russen machen es bereits vor: Die Polizei kann dort ein Auto stoppen, indem sie per Funk die Zündung ausschaltet. Dann kann man nicht mehr weiterfahren.

Gestandenen Hackertrupps öffnet sich hier ein weites Feld. Wir kennen die Diagnoseschnittstelle, mit der die Werkstätten eine Fehleranalyse vornehmen. Sie greift auf den CAN-Bus zu, erlaubt einen fast ungehinderten Zugang zum Computer im Auto und seine Daten. Bisher benutzen ihn beispielsweise Spezialisten und ändern die Motorensteuerung so, dass sie mehr Leistung aus den Motoren holen (Chiptuning) und betreiben natürlich das beliebte Spiel der Kilometerstandsauffrischung. Viele Apps wollen über einen auf diese Schnittstelle aufgesetzten Dongle Daten aus dem CAN-Bus herauslesen. Schalten Sie sie besser ab, wenn Sie nicht genau wissen, von wem sie sind und was sie machen.

Diesen wichtigen Zugang zum Rechner Ihres Autos wollen die Autohersteller sperren. Der Verband der Autohersteller (VDA) will in seinem Positionspapier den Autoherstellern die Verantwortung des Herrschers aller Daten als Systemadministrator zuweisen, der für die sichere Übertragung zu einer standardisierten Schnittstelle verantwortlich ist. Andere sollen nur über diese Schnittstelle oder über einen neutralen Server, auf dem diese Daten gesammelt werden, an besonders ausgewählte Daten herankommen dürfen. Das klingt vernünftig bis auf den Umstand, dass der Fahrer des Automobils keine Rolle mehr spielt. Also Sie. Sie produzieren mit Ihrem Verhalten die Daten und werden dabei ziemlich gläsern, gewaltige Rechneranlagen warten begierig darauf, aus diesen Daten gewinnträchtige Voraussagen über Ihr künftiges Verhalten ausspucken zu können. Für gestandene Hacker dürfte die Sicherung der Daten jedoch ein Kinderspiel sein.

Ein Tipp am Schluss: Analog zu Googles Geschäftskonzept müssten Sie verlangen können, den Wagen umsonst fahren zu dürfen. Die Autohersteller könnten sich das Geld über den Verkauf von Daten verdienen. Kilometer gegen Bits und Bytes. Probieren Sie es mal bei Ihrem nächsten Autokauf.

Für alle, die es genau wissen wollen: Was leistet der Diesel, wie böse ist er wirklich?

Ob seinerzeit Rudolf Diesel hätte ahnen können, welche Verwerfungen seine Erfindung einmal auslösen würde? Er befasste sich vor 120 Jahren mit Kältemaschinen, also auch mit Kompression. Die kennen wir, wenn wir mit der Luftpumpe unseren Fahrradreifen aufpumpen. Die Pumpe wird warm. Erhöhen wir den Druck noch weiter, wird die Luft irgendwann so heiß, dass sich Kraftstoff von selbst entzündet, könnten wir ihn in diese stark komprimierte heiße Luft einspritzen. Daher kommt auch der Name »Selbstzünder«. Im Gegensatz dazu benötigt der andere Typ von Verbrennungsmotor des Nikolaus August Otto eine Fremdzündung in Form eines Zündfunkens einer Zündkerze, um die Verbrennung in Gang zu setzen.

Rudolf Diesel, am 18. März 1858 in Paris geboren, wuchs in ärmlichen Verhältnissen auf. Die Familie Diesel musste nach Ausbruch des Deutsch-Französischen Krieges 1870, wie alle Nichtfranzosen, Frankreich verlassen. Ein Onkel in Augsburg nahm ihn als Pflegekind auf. Der Zufall wollte es, dass dieser Onkel Professor an der Augsburger Königlichen Kreisgewerbeschule war. So kam Diesel mit Physik und Mechanik in Verbindung, studierte ab 1875 an der Polytechnischen Schule in München, dem Vorläufer der heutigen Technischen Universität München. Seine Abschlüsse bestand er immer als Bester.

Er besuchte unter anderem die Vorlesungen des Professors Carl Linde, des späteren Gründers des Linde-Konzerns. Der hatte das erste Labor für Maschinen in Deutschland eingerichtet und leistete mit der Erfindung der Kältetechnik und des Kühlschranks mehr für die Gesundheit der Menschen als alle grünen Gutmenschen mit ihren wirren Vorstellungen über gesunde Lebensmittel zusammen.

Herr Carnot und das Feuer

Beide, der berühmte und später geadelte Professor Linde und sein Musterschüler, kannten natürlich die Arbeiten des berühmten französischen Physikers und Ingenieurs Nicolas Léonard Sadi Carnot mit den »Betrachtungen über die bewegende Kraft des Feuers und die zur Entwicklung dieser Kraft geeigneten Maschinen«. Darin zeigte er, was heute partout nicht in rote und grüne Köpfe will, warum nämlich eine Dampfmaschine mechanische Arbeit verrichten kann und vor allem, wodurch ihr Wirkungsgrad und ihre Grenzen bestimmt werden. Würden mehr grüne und rote abgebrochene Soziologen oder Kirchenfrauen davon gehört haben – niemals käme jemand auf die verwegene Idee einer Energiewende oder gar des Verbotes von Benzin oder Diesel angetriebenen Autos.

Carnot erkannte, dass überall dort, wo ein Temperaturunterschied existiert, eine mechanische Kraft erzeugt werden kann. Er hatte auch beschrieben, wie eine Maschine mit einem deutlich höheren Wirkungsgrad konstruiert sein muss, um aus dem Brennstoff deutlich mehr mechanische Energie als zuvor herauszuholen.

Mit diesen theoretischen Grundlagen konnten die Konstrukteure der frühen Dampfmaschinen nichts anfangen. Ihnen blieb damals in Ermangelung besserer Materialien nicht viel anderes übrig, als auszuprobieren, wie dick oder dünn zum Beispiel das Blech der Dampfkessel sein musste. Mit teilweise schlimmen Folgen, wenn ein unter hohem Druck stehender Dampfkessel explodierte, weil die Wandstärke doch zu gering gewählt oder der Stahl fehlerhaft war.

Den Herstellern von Dampfmaschinen gelang es jedoch nicht, den Wirkungsgrad ihrer Maschinen wesentlich zu steigern. Die setzten nur etwa 10 bis 15 Prozent der Energie der Kohle in mechanische Energie um. Also eine verhältnismäßig ineffiziente Maschine, die viel Kohle für bescheidene Krafterzeugung verbrauchte. Mehr ging jedoch seinerzeit nicht, aber es gab auch keine andere Maschine. Sie war schon ein bedeutender Fortschritt gegenüber der Krafterzeugung mithilfe von Ochse, Pferd oder Menschen.

Nikolaus Otto hatte den nach ihm benannten Ottomotor erfunden. Diesen Namen finden Sie auf dem Fahrzeugschein als Antriebsart Ihres Autos. Er war schon deutlich besser als die Dampfmaschine, setzte mehr Energie des Brennstoffs in mechanische Energie um. Aber er war immer noch nicht so effizient, wie sich das Rudolf Diesel erträumte. Er wollte seine ideale Wärmekraftmaschine nach der Theorie des idealen Kreisprozesses von Carnot konstruieren.

Diesels Maschine komprimiert Luft, erhitzt sie bis zu jenem Punkt, an dem Öl, das eingespritzt wird, zündet. Er meldete am 27. Februar 1892 ein Patent auf seinen Dieselmotor an. Genau an diesem Tag, 126 Jahre später, kam der gerichtliche KO-Schlag für den Dieselmotor. Da nämlich erlaubte das Bundesverfassungsgericht Kommunen, Fahrverbote für Dieselfahrzeuge zu erlassen.

Seine Maschine musste mit einem hohen Druck und viel Sauerstoff arbeiten, einem sogenannten Luftüberschuss. Nur dann konnte deutlich mehr Energie aus dem Brennstoff gewonnen werden. Doch schaffte es Diesel, mit den damaligen Materialien einen Zylinder mit Anschlüssen zu bauen, der die sehr hohen Drücke aushalten konnte, die er berechnet hatte? Oder würde ihm die Konstruktion in einer gewaltigen Explosion um die Ohren fliegen?

Es gelang ihm in langen mühsamen Entwicklungsarbeiten. Heute kann man sich den Mut und die Ausdauer Diesels zu seinen teilweise gefährlichen Experimenten kaum mehr vorstellen. Seine Erfindung ist heute salonreif geworden, wir setzen uns in unsere bequemen Autos. Unter der Motorhaube sitzen gleich vier solcher Zylinder, in die unter fast unvorstellbar hohem Druck Sprit eingepresst wird. Die mehrere Tausend Explosionen in der Minute zerreißen nicht das Gehäuse, sondern treiben mit ungeheurer Kraft Gefährte mit zwei bis drei Tonnen Gewicht nach vorn. Wir hören nur ein sanftes Säuseln und wundern uns vielleicht noch an der Tankstelle, wie wenig Sprit dieses mechanische Wunderwerk benötigt.

Rudolf Diesel musste dagegen seinerzeit einen Vorläufer der Einspritzpumpe entwickeln. Er baute einen komplizierten Kompressor, eine sogenannte Einblasmaschine, die zuerst Benzin in Luft zerstäubte und das Gemisch in den Brennraum drückte. Doch dieses leicht entzündliche Benzin-Luft-Gemisch durfte unter dem Druck nicht zu früh zu heiß werden, es verbrannte sonst schon auf dem Weg in den Brennraum. Und so manches Mal endeten seine Versuche in Explosionen und Flammen.

Fünf Jahre lang arbeitete Rudolf Diesel an seinem Motor. Ohne die finanzielle Hilfe des Stahlfabrikanten Friedrich Krupp und ohne die Mitarbeit der Ingenieure der Maschinenfabrik Augsburg Nürnberg MAN hätte er diesen allerdings nicht serienreif machen können.

1897, vor gut 120 Jahren also, setzte sich der erste funktionierende Motor nach dem Prinzip des Rudolf Diesel laut knatternd in Bewegung. Die Ingenieure registrierten einen sensationellen Wirkungsgrad von 26,2 Prozent.

Wir können es uns heute kaum noch vorstellen. Doch muss man sich einmal richtig deutlich vor Augen führen, was da Sensationelles heranreifte: Kaum mehr als ein Viertel der Energie des Brennstoffs wird in mechanische Arbeit umgewandelt. Zwar verpufft der Rest als nutzlose Wärme, doch steht damit zum ersten Mal eine Maschine zur Verfügung, mit der man mehr Kraft erzeugen kann als jemals zuvor.

Ein rauer, ungehobelter Geselle

Doch endlich stand den Menschen damit eine Maschine zur Verfügung, mit der sie so viel Kraft erzeugen konnten wie noch nie zuvor. Rudolf Diesel selbst stellte sich vor, dass damit nicht mehr nur große Industrieunternehmen wie Stahlfabriken, Bergwerksbetriebe und große Textilfabriken in den Genuss mechanischer Energieerzeugung kamen, sondern dass damit auch kleineren Unternehmen und Handwerksbetrieben eine bezahlbare Kraftquelle zur Verfügung stand. Wohlgemerkt: Kleinere elektrische Sägen, Drehmaschinen, gar akkubetriebene Meißel, Bohr- und Fräsmaschinen gab es nicht. Den Antrieb besorgten Menschen oder Tiere.

Zuerst war der Dieselmotor im Vergleich zum Benzinmotor der raue, ungehobelte Geselle. Aufgrund seiner hohen Kraftentfaltung konnte er gut schwere Lastwagen und Lokomotiven sowie Schiffe antreiben. Er dreht langsam, verbraucht wenig Kraftstoff, ist also sparsam.

Kein Wunder, dass Motorenbauer auch den Diesel als Antrieb für sparsame PKW-Motoren wollten. Mercedes-Motoreningenieuren gelang es zuerst, den Diesel einigermaßen zu zügeln. Sie stellten 1936 den ersten Dieselmotor im Personenwagen vor.

In den 1950er- und 1960er-Jahren eroberte er sich auch im Personenwagen einen größeren Marktanteil; die Autokäufer freuten sich über günstigeren Kraftstoff und sparsamere Motoren. Zum Leidwesen ihrer Nachbarn, denn ein frühmorgendlicher Kaltstart eines Dieselmotors weckte zuverlässig sämtliche Schlafenden auf und klang so, als würde man einen Eimer mit Kieselsteinen über einem Blechdach ausschütten. Mit verschiedenen Tricks versuchten die Konstrukteure, den Diesel zu zivilisieren. Ein Trick war eine Zeitlang die Vorkammer, eine kleine Aushöhlung im Brennraum, in der zuerst ein Teil der Verbrennung stattfand, bevor sie dann in den Zylinderraum eindrang und dort den Kolben nach unten treiben konnte. Damit war die massive, kräftige Explosion zu einem Zeitpunkt etwas verzögert und damit in ihrer Wucht gleichzeitig gedämpft.

Dann versuchten die Ingenieure, die einströmende Luft in eine gezielte Drehbewegung zu versetzen, um mit besserer Verbrennung den Diesel rußärmer, leiser und umweltfreundlicher zu machen. Doch die Experimente sind kompliziert. Denn die Ausbreitung der Flammenfronten im Brennraum sind nur schwer genau zu berechnen. Was im Motor in Bruchteilen von

Sekunden bis zu 500- oder 1000-mal in der Sekunde passiert, ist ebenfalls fast nicht im Computer zu simulieren. Zu chaotisch ist das, was uns die Natur mit der Verbrennung liefert.

Sehen Sie sich eine Kerze an, was in einer Flamme geschieht. Eine genaue Beschreibung der chemischen Vorgänge in dieser Flamme ist schwer. Der geniale englische Naturwissenschaftler Michael Faraday hatte bereits 1861 mit dem Bestseller »Naturgeschichte der Kerze« versucht, die komplexen Vorgänge zu beschreiben. Noch schwieriger wird es bei einem flackernden und lodernden Holzfeuer. Ganz schwierig ist es mit einer Verbrennung im Zylinder eines Motors.

Entsprechend heikel ist es, den Ausstoß an Schadstoffen zu regeln. Schließlich läuft ein Verbrennungsmotor unter extrem unterschiedlichen Bedingungen: im Leerlauf, langsam, schnell, bei eisiger Kälte und großer Hitze. Entsprechend unterschiedlich sind die Verbrennungsvorgänge und mithin das Abgasverhalten.

Was dem Diesel seit Anbeginn anhaftete, war der schlechte Geruch und der Ruß, der sich in dunklen Qualmwolken aus dem Auspuff bemerkbar machte. Das waren verbrannte Dieselpartikel. Die sollten weg. Die Motoreningenieure erhöhten also den Druck im Zylinder, damit der Kraftstoff bei einem höheren Sauerstoffanteil noch mehr und besser verbrannt werden kann.

Dazu mussten sie Gehäuse und Wände verstärken und die Einspritzpumpe leistungsfähiger machen. Unliebsame Folge dieser Anstrengungen: Die Rußpartikel, die aus dem Auspuff kommen, wurden immer kleiner. Man konnte sie praktisch nicht mehr sehen. Aber sie sind noch vorhanden und stehen unter dem Verdacht, lungengängig zu sein, ja, sich sogar in der Blutbahn einnisten zu können sowie Krebs zu erzeugen.

Deshalb entwickelten die Motoreningenieure Partikelfilter. Das konnten aber keine einfachen Filtersysteme wie beim Kaffeefilter sein; die wären rasch mit Rußpartikeln verstopft. Der Ruß muss in regelmäßigen Abständen verbrannt werden. Wenn möglich, ohne dass dabei das Auto in Flammen aufgeht. Auch das gelang den Ingenieuren. Aus einem modernen Diesel-Auspuff kommen heute praktisch keine Partikel mehr heraus.

Wir können feststellen: Der Diesel ist heute ein sehr sauberer Antrieb geworden. Doch er verbraucht immer noch Energie in Form von Diesel-Kraftstoff. Und er stößt Kohlendioxid aus, wie das bei jeder Verbrennung geschieht. Das wird auch so lange geschehen, so lange die physikalischen Gesetze gelten. Einzige Alternative: Daheim bleiben.

Wie geht es weiter?

Der Kampf um den Diesel und das Automobil als Ganzes wird wohl weitergehen. Die neue Umweltministerin hat schon mal klar gemacht, dass sie Fahrverbote für unausweichlich hält. Schon mit großer Lust am Machtwort verkündete sie, dass »bei Städten, in denen wir wirklich massive Überschreitungen der Grenzwerte haben, München, Stuttgart und in einigen anderen ... wir allein mit Software-Updates nicht hinkommen«.

So massiv sind die Überschreitungen allerdings gar nicht. Zudem haben die Verkehrsminister der Länder und des Bundes beschlossen, sämtliche Messgeräte daraufhin zu überprüfen, ob ihre Aufstellungsorte den EU-Richtlinien und dem deutschen Bundesimmissionsschutzgesetz entsprechen. Falls nicht, gäbe es erhebliche Angriffsmöglichkeiten gegen Fahrverbote, die auf diesen Werten basieren. In jedem Fall öffnet sich viel Raum für gepflegte juristische Auseinandersetzungen.

Die Autobesitzer allerdings dürften in Anbetracht dessen, dass sie diejenigen sind, die die Milliardenverluste zu tragen haben, weniger begeistert sein. Und selbst aus dem Bundesverkehrsministerium und aus dem Umweltbundesamt sind die Bedenken von Juristen zu hören, dass Fahrverbote rechtlich nicht durchsetzbar seien.

Eine sogenannte blaue Plakette, die freie Fahrt für neue Diesel in Fahrverbotszonen erlauben soll, ist wohl kaum mehrheitsfähig. Sie wertet die Fahrzeuge ohne Plakette noch mehr ab und sorgt letzten Endes nur für noch mehr Bürokratie.

Es führt kein Weg daran vorbei, eine politische Diskussion über die eigentliche Ursache zu beginnen. Die absurd niedrigen Grenzwerte müssen auf den Prüfstand. Mit Fragen der Gesundheit haben sie herzlich wenig zu tun, dafür aber produzieren sie für jeden einzelnen Autofahrer ungeheure Kosten. Nicht alles, was moderne Analytik nachweisen kann, ist lebensgefährlich. Auf die Dosis kommt es an – wie immer.

Über den Autor

Holger Douglas ist Wissenschafts- und Technikjournalist. Er produziert seit langem Dokumentationen mit Schwerpunkt »Wissenschaft und Technik«. Früher für die öffentlich-rechtlichen Anstalten, heute für Sender auf dem weltweiten Markt, darunter Wissenschaftssendungen auch für den arabischen Sender Al Jazeera, und schreibt bei *Tichys Einblick*.

Dunkelflaute

Frank Hennig

Täglich werden wir mit Begriffen konfrontiert, die im Ergebnis einer als alternativlos gepriesenen Energiewende verwendet werden oder durch sie erst entstanden sind. Zunehmend gehen Bezeichnungen der allgemeinen Vergrünung in den Alltagsgebrauch über. Wissen wir immer, wie und worüber wir eigentlich reden? Wissen und Glauben bilden Denken und Meinung. Der Trend geht zum Glauben.

Frank Hennig greift Bezeichnungen auf und kommentiert – in nicht-alphabetischer Reihenfolge. Locker lesbar, zuweilen zugespitzt und – zum Verdruss der Anhänger der Energiewendeprosa – angereichert und gut durchgeschüttelt mit Fakten, Daten und Zahlen. Eine kritische Auseinandersetzung mit oberflächlichem Schwarz-Weiß-Denken, unhaltbaren Visionen und Klimapopulismus.

272 Seiten | Hardcover | 16,99 € (D) | ISBN 978-3-95972-062-5

Spurwechsel

Roland Springer

Deutschland beschreitet in der Flüchtlingspolitik in Europa einen Sonderweg. Unter dem Banner humanitärer Hilfe werden Flüchtlinge ohne Begrenzung ins Land gelassen und finanziell versorgt. Bleibeberechtigten Flüchtlingen wird versprochen, dass sie sich in Deutschland eine neue berufliche Zukunft aufbauen und auf Dauer bleiben können.

Professor Springer beschreibt unter Bezug auf den Streit um das Für und Wider des deutschen Sonderwegs anhand von Fallbeispielen aus seiner ehrenamtlichen Flüchtlingsarbeit den realen Verlauf sowie typische Probleme der Integration muslimischer Asylbewerber und plädiert für einen Spurwechsel in der deutschen Flüchtlingspolitik.

176 Seiten | Softcover | 16,99 € (D) | ISBN 978-3-95972-058-8

Demokratie im Sinkflug

Gertrud Höhler

»Grenzen fallen« ist zum Leitmotiv der EU geworden. Plötzlich
erscheint die Demokratie als Handicap. Wo Parlamente zu Hand-
langern der Mächtigen werden, stirbt der demokratische Wettbewerb.
Die autokratische Versuchung startete unter deutscher Führung:
Verborgen hinter der Maske von Rettungssanitätern probte man
die Kolonialherrenrolle in Südeuropa. In Gläubiger und Schuldner
gespalten, verlor die EU die Herzen vieler Europäer. Die Verstaat-
lichung der Energiewirtschaft wurde die Generalprobe zum toll-
kühnen Solo von Angela Merkel 2015: offene Arme an offenen
Grenzen.
Mit ihrer Streitschrift »Demokratie im Sinkflug« bringt Bestseller-
autorin Gertrud Höhler den machtlosen Souverän zurück ins Spiel:
Der Staat gehört den Bürgern.

240 Seiten | Hardcover mit Schutzumschlag | 19,99 € (D) | ISBN 978-3-95972-063-2

White Rabbit oder der Abschied vom gesunden Menschenverstand

Matthias Matussek

»Schlimmer als die Zensur der Presse ist die Zensur durch die Presse.« Das schrieb der hellsichtige Gilbert K. Chesterton – Schöpfer der weltbekannten Figur Pater Brown – bereits Anfang des vorigen Jahrhunderts. Chesterton, der journalistische Star seiner Zeit, ein katholischer Konvertit, ist das Vorbild für Matusseks Bericht aus dem Innenraum der Vierten Gewalt.

In seinem neuesten, vor Witz und Ironie funkelnden Werk verfolgt Matussek den Wahnsinn in deutschen Landen, die teils komische, teils absurde Selbstbeschränkung der Presse und kommt immer wieder auf seinen Referenzheiligen Chesterton zurück, den man zu Recht als »Apostel des gesunden Menschenverstandes« bezeichnete.

320 Seiten | Hardcover mit Schutzumschlag | 22,99 € (D) | ISBN 978-3-95972-080-9

Der Selbstmord Europas

Douglas Murray

Sinkende Geburtenraten, unkontrollierte Masseneinwanderung und eine lange Tradition des verinnerlichten Misstrauens: Europa scheint unfähig zu sein, seine Interessen zu verteidigen. Douglas Murray, gefeierter Autor, sieht in seinem neuen Bestseller Europa gar an der Schwelle zum Freitod.

»Der Selbstmord Europas« wurde allein in Großbritannien bereits mehr als 100 000 Mal verkauft und ist kein spontan entstandenes Pamphlet einer vagen Befindlichkeit. Akribisch hat Douglas Murray die islamische und afrikanische Einwanderung nach Europa recherchiert, ihre Anfänge, Entwicklungen, gesellschaftlichen Folgen über mehrere Jahrzehnte ebenso studiert wie ihre Einmündung in den alltäglich werdenden Terrorismus.

384 Seiten | Hardcover mit Schutzumschlag | 24,99 € (D) | ISBN 978-3-95972-105-9